煤炭行业信用体系建设年度报告

2023

中国煤炭工业协会 编

中国矿业大学出版社
·徐州·

内 容 提 要

《煤炭行业信用体系建设年度报告(2023)》是全行业第一份全面梳理和深入分析煤炭领域信用现状、问题及后续发展趋势的重要报告。该报告以当前社会信用体系建设状况和煤炭行业的实际情况为出发点，深入探讨了信用体系在促进行业健康有序发展中的重要性和紧迫性，回顾了社会信用体系建设和煤炭行业信用体系建设的历程，梳理了近年来行业在信用建设方面的主要成就和经验教训。在此基础上，报告深入剖析了煤炭企业在信用等级评价过程中展现出来的相关问题和不足，并提出了相关措施和建议。

本书可供政府相关部门和监管机构、煤炭企业管理层、金融机构、投资者和债权人、学术研究机构、相关行业协会参考使用。

图书在版编目(ＣＩＰ)数据

煤炭行业信用体系建设年度报告.2023 / 中国煤炭工业协会编.—徐州：中国矿业大学出版社，2024.4
ISBN 978-7-5646-6222-6

Ⅰ．①煤… Ⅱ．①中… Ⅲ．①煤炭工业－信用制度－建设－研究报告－中国－2023 Ⅳ．①F426.21

中国国家版本馆 CIP 数据核字(2024)第 077210 号

书　　名	煤炭行业信用体系建设年度报告(2023)
编　　者	中国煤炭工业协会
责任编辑	马晓彦
出版发行	中国矿业大学出版社有限责任公司
	（江苏省徐州市解放南路　邮编 221008）
营销热线	（0516）83885370　83884103
出版服务	（0516）83995789　83884920
网　　址	http://www.cumtp.com　E-mail：cumtpvip@cumtp.com
印　　刷	徐州中矿大印发科技有限公司
开　　本	787 mm×1092 mm　1/16　**印张** 8.75　**字数** 167 千字
版次印次	2024 年 4 月第 1 版　2024 年 4 月第 1 次印刷
定　　价	100.00 元

（图书出现印装质量问题，本社负责调换）

本书编委会

编委会主任　梁嘉琨　李延江
编委会副主任　解宏绪　刘　峰　王虹桥　张　宏
　　　　　　　孙守仁
编委会成员　（按姓氏笔画排序）
　　　　　　王景亮　苏传荣　李石坚　李迎春
　　　　　　陈养才　铁旭初　郭中华　曹文君
　　　　　　葛维明　翟　清

主　　　编　孙守仁
副　主　编　铁旭初
编写组成员　唐秀银　杨五毅　王　文　丛密滋
　　　　　　田春旺　沈晓凤　李　旭　张　丽
　　　　　　袁学军　赵　芳　孟　昊　陈　明
　　　　　　张屹峰　戎　安　周　坤　李奇桢
　　　　　　邓　瑜　陈　慧　杨继贤　唐　壮
　　　　　　韩淑静　张　雷　边岗亮　郝向洋
　　　　　　黄志恒　张瑾超　张维宏
执　　　笔　铁旭初　杨五毅

前　言

民无信不立、业无信不兴。人类社会已进入信用经济的发展阶段。信用已成为介于道德与法律之间规范人们日常交往活动的基本行为准则，它是一种资源、一种资本、一种能力、一种积累、一种责任、一种情感，既彰显了道德价值观的本质内涵，又体现了法律制度建设的根本要求。遵循信用经济社会的发展规律，维护人类社会的共同利益，诚信在召唤，信用当为先。

信用体系建设是征信体系不断完善、信用信息处理不断规范、信用监管不断强化、信用长效机制不断健全、诚信文化不断推进的建设。信用体系主要包括政务诚信、商务诚信、社会诚信和司法公信。党的二十大报告提出"构建高水平社会主义市场经济体制""完善产权保护、市场准入、公平竞争、社会信用等市场经济基础制度，优化营商环境"，把社会信用列为市场经济基础制度之一，进一步提升了信用体系的地位和作用，充分说明社会信用对构建新发展格局、推进高质量发展具有重要作用；报告同时指出"提高全社会文明程度""弘扬诚信文化，健全诚信建设长效机制"，说明诚信是铸就社会主义文化的重要内容，要着眼长远、系统谋划，全面构建长效机制，共同参与共建共享提高社会文明程度。

信用体系建设是煤炭行业市场化改革的必由之路，是行业实现高质量发展的重要举措。近年来，煤炭行业坚持以习近平新时代中国特色社会主义思想为指导，坚决贯彻习近平总书记关于信用建设的重要指示精神和党中央、国务院关于社会信用体系建设的战略部署，以强烈的责任感和使命感，加快推进行业信用体系建设，特别是立足于煤炭行业信用评价和资质管理工作，利用信用分级分类评价结果开展信用管理和应用落地，深入推进煤炭行业信用建设。

当前，煤炭行业信用体系组织架构基本建立，制度标准体系日渐完善，信用评价成效初显，信用应用场景逐步拓展，信用环境不断改善，行业经济运行总体平稳，信用质量整体向好。自2008年以来，参与行业信用评级企业累计达到1 455家，其中，受评AAA级企业占82.4%，煤炭生产、地质勘察、装备制造、工程建设等四类企业分别占到46.6%、24.67%、13.26%和10.58%，受评企业涵盖面广、代表性强、影响力大、主要指标先进，有力提升了行业的美誉度和信誉度。据国家能源局发布的《能源行业信用状况年度报告(2021)》显示，煤炭企业总体信用状况较好，其中优良级和中级企业12 836家，占煤炭企业总数的近90%，综合实力和发展创新能力强。从联合资信等国内知名资信评估机构近期的研究报告来看，预计到2024年煤炭供需基本平衡、行业盈利稳定、价格有所趋稳，煤炭行业信用质量将整体稳定并持续改善。但企业信用建设还存在很多困难和挑战，行业发展资源保障、安全供应、绿色低碳、科技创新、转型升级等任务艰巨，煤炭市场主体对信用的认识还不深刻，特别是在制度建设、科技创新、风险管控、战略实施、人才保障、安全生产、客户管理、企业文化、信用组织建设、党建等方面的信用风险依然较高，信用应用场景总体较少，资质管理与信用评价质量还需进一步提升等。对这些问题和挑战,要高度重视,从实际出发,坚定信心,携手共进,全面推动"双碳"目标下煤炭行业信用体系建设高质量发展,让"信用煤炭"为煤炭人赢得更大效益、更好声誉和更多尊重。

中国煤炭工业协会编写的这本《煤炭行业信用体系建设年度报告(2023)》依托能源行业信用信息系统归集共享的信用信息数据,重点参照煤炭行业 1 400 余家市场主体参与行业信用评价的结果,围绕企业基本素质、经营能力、管理水平、财务状况、社会信用等 5 个方面进行了分析。该报告反映了近年来煤炭生产、装备制造、工程建设、地质勘探等煤炭行业相关产业链条企业的信用建设成果,对预测预警煤炭行业信用风险,服务信用监管和社会需要,营造诚实守信的市场环境,全面提升煤炭行业信用管理水平,助力行业绿色低碳转型和高质量发展具有重要参考价值。

编 者

2024 年 3 月

目 录

第1章 社会信用体系建设概况 … 3
  1.1 制度标准不断健全 … 4
  1.2 信用平台加快构建 … 6
  1.3 联合奖惩深入实施 … 7
  1.4 信用监管稳步推动 … 8
  1.5 信用长效机制持续完善 … 9

第2章 煤炭行业信用建设现状 … 11
  2.1 煤炭行业信用特征 … 11
  2.2 煤炭行业信用标准建设 … 14
  2.3 煤炭行业信用等级评价 … 15
  2.4 煤炭行业诚信宣传教育 … 17
  2.5 煤炭行业信用存在的主要问题 … 18

第3章 煤炭行业信用评价 … 20
  3.1 信用评价总体情况 … 20
  3.2 信用评价综合指标特点分析 … 30

3.3 信用评价财务指标特点分析 ·················· 34

第 4 章 煤炭行业信用管理 ························ 40
4.1 影响煤炭行业信用的主要因素 ················ 41
4.2 提升企业信用管理水平的建议 ················ 56

第 5 章 煤炭企业信用建设典型实践案例 ················ 61
5.1 打造领先 ESG 治理体系助推企业诚信发展
　　——中国神华能源股份有限公司 ············ 61
5.2 以科技创新推进诚信建设的探索与实践
　　——北京低碳清洁能源研究院 ·············· 66
5.3 现代煤炭企业财务金融信用风险管控
　　——淮北矿业集团财务有限公司 ············ 71
5.4 诚信合规管理建设实践
　　——国能神东煤炭集团有限责任公司 ········ 77
5.5 诚信经营推动企业高质量发展创新实践
　　——陕西华电榆横煤电有限责任公司 ········ 83
5.6 以煤质为抓手提升企业诚信"红利"
　　——国能包头能源有限责任公司 ············ 89
5.7 "诚"人之"煤"、"燃"而有"信"的煤炭销售理念构建
　　——国能销售集团华东能源有限公司 ········ 94
5.8 四坚持五落实创新"信用龙华"品牌
　　——陕西煤业化工集团孙家岔龙华矿业有限公司 ······ 101

5.9 推进依法合规治企的探索与思考
　　——内蒙古智能煤炭有限责任公司 …………………… 104
5.10 安全诚信示范矿井创建
　　——安徽恒源煤电股份有限公司任楼煤矿 ………… 109

附表　我国信用体系建设有关政策列表 ……………… 115

诚信是中华民族的传统美德。从董仲舒提出"仁义礼智信"的儒家五常观,到王阳明"格物致知、诚意正心"的知行合一思想,几千年来,中华民族诚信文化生生不息,从未间断。中华人民共和国成立以来,我国改革发展取得了举世瞩目的成就,但信用危机、管理监督缺失等问题日益凸显。信用问题已成为党和政府高度重视、民众普遍关注的重大社会问题之一。

第1章　社会信用体系建设概况

2007年,国务院办公厅印发的《关于社会信用体系建设的若干意见》(国办发〔2007〕17号)中指出要全面推进社会信用体系建设。党的十八大以来,党中央和国务院将社会信用体系建设摆在了更加突出的位置,提出了更高的要求。党的十八大报告首次把"诚信"纳入社会主义核心价值观系统,党的十九大报告强调要"推进诚信建设和志愿服务制度化,强化社会责任意识、规则意识、奉献意识"。《中华人民共和国国民经济和社会发展第十四个五年规划和2035年远景目标纲要》指出:"建立健全信用法律法规和标准体系,制定公共信用信息目录和失信惩戒措施清单,完善失信主体信用修复机制……培育具有国际竞争力的企业征信机构和信用评级机构,加强征信监管,推动信用服务市场健康发展。"党的二十大报告从构建新发展格局和推进文化自信自强的高度提出要完善社会信用等市场经济基础制度,健全诚信建设长效机制。这都充分体现了社会信用体系建设的重要性。

"十八大"以来社会信用体系国家相关重要政策法规文件一览如图1-1所示。

- 2013年1月 国务院印发《征信业管理条例》，我国征信业步入有法可依的轨道。
- 2014年6月 国务院印发《社会信用体系建设规划纲要(2014年—2020年)》，为建立全球最大社会信用体系制定了宏伟的蓝图。
- 2015年6月 涵盖公民、法人和其他组织的统一社会信用代码制度开始实施；依托全国信用信息共享平台建立的"信用中国"网站正式上线运行，实现了全国范围内的社会信用信息归集共享。
- 2016年6月 国务院发布《关于建立完善守信联合激励和失信联合惩戒制度加快推进社会诚信建设的指导意见》。
- 2017年10月 国家发展和改革委员会、中国人民银行牵头，联合印发《关于加强和规范守信联合激励和失信联合惩戒对象名单管理工作的指导意见》，是我国首部关于信用红黑名单统一认定标准，国家各部委在此基础上建立了部际联合奖惩制度。
- 2020年 我国社会信用体系规划全面落地实施。9月习近平在中央财经委员会第八次会议强调要完善社会信用体系，建立健全以信用为基础的新型监管机制。
- 2020年12月 国务院办公厅印发《进一步完善失信约束制度构建诚信建设长效机制的指导意见》。该指导意见统筹谋划未来一个时期社会信用体系发展趋势和发展要求。
- 2021年8月 中共中央、国务院印发的《法治政府建设实施纲要(2021—2025年)》提出，加快推进政务诚信建设。
- 2022年3月29日 中共中央办公厅、国务院办公厅印发《关于推进社会信用体系建设高质量发展促进形成新发展格局的意见》。该意见围绕"以健全的信用机制畅通国内大循环、以良好的信用环境支撑国内国际双循环相互促进、以坚实的信用基础促进金融服务实体经济、以有效的信用监管和信用服务提升全社会诚信水平"等方面，提出了23项具体内容。
- 2022年9月27日《中华人民共和国职业分类大典(2022年版)》获审通过，信用管理师名列其中，标志着我国信用管理人才培养和信用管理职业技能人才评价迈入新阶段。
- 2022年11月14日 国家发展和改革委员会官网发布公告称，按照党中央、国务院关于推动社会信用体系建设高质量发展的部署要求，国家发展和改革委员会、人民银行会同社会信用体系建设部际联席会议成员等单位研究起草了《中华人民共和国社会信用体系建设法(向社会公开征求意见稿)》。
- 2023年1月 国家发展和改革委员会第26次委务会议审议通过《失信行为纠正后的信用信息修复管理办法(试行)》自2023年5月1日起施行。

- 2013年3月《国务院机构改革和职能转变方案》提出要"建立以公民身份证号码和组织机构代码为基础的统一社会信用代码制度"。
- 2014年8月 国务院印发《企业信息公示暂行条例》要求企业不但要公示年度报告信息和其他信息，还要公示其受到政府部门处罚的信息，该条例为全世界首创。
- 2015年7月 国务院印发《国务院办公厅关于运用大数据加强对市场主体服务和监督的若干意见》。
- 2016年7月 全国社会信用标准化技术委员会正式成立，标志着我国社会信用体系建设逐步规范化和制度化。
- 2019年7月 国务院印发《关于加快推进社会信用体系建设构建以信用为基础的新型监管机制的指导意见》，强调进一步发挥信用在创新监管机制、提高监管能力和水平方面的基础性作用，建立健全贯穿市场主体全生命周期的新型监管机制。
- 2020年11月19日 举行的国务院政策例行吹风会上，司法部、市场监督管理总局有关负责人介绍了证明事项清理工作的最新推进情况。我国将全面推行证明事项告知承诺制，12月31日前，各省区市人民政府和国务院各部门要制定全面推行证明事项告知承诺制的实施方案。
- 2021年3月11日《中华人民共和国国民经济和社会发展第十四个五年规划和2035年远景目标纲要》提出，建立健全信用法律法规和标准体系，制定公共信用信息目录和失信惩戒措施清单，完善失信主体信用修复机制。推广信用承诺制度。
- 2021年12月 国家发展和改革委员会、人民银行会同社会信用体系建设部际联席会议成员单位和其他有关部门，公布了《全国公共信用信息基础目录(2021年版)(征求意见稿)》和《全国失信惩戒措施基础清单(2021年版)(征求意见稿)》，纳入公共信用信息11项。
- 2022年4月 中共中央、国务院印发《中共中央 国务院关于加快建设全国统一大市场的意见》，提出把信用监管作为全面提升市场监管能力的重要手段之一。
- 2022年10月16日 中国共产党第二十次全国代表大会开幕。党的二十大报告涉及多处信用相关内容，如"完善产权保护、市场准入、公平竞争、社会信用等市场经济基础制度，优化营商环境""弘扬诚信文化，健全诚信建设长效机制"等。
- 2023年2月 国办1号文件中要求行业主管部门要会同相关监管部门建立健全跨部门综合监管事项信用评价指标体系，明确分级分类标准及相应的协同监管措施。

图 1-1 "十八大"以来社会信用体系国家相关重要政策法规文件一览

1.1 制度标准不断健全

社会信用体系建设的基础是制度。当前，我国社会信用基础性法律法规和标准体系基本建立，以信用信息资源共享为基础的覆盖全社会的征信系统基本建成,信用监管体制基本健全,信用服务市场体系比较完善,特别是失信惩戒和守信激励机制正在全面发挥作用。通过完善的社会信用体系,发展以信用为基础,贯穿市场主体全生命周期的新型监管机制正在形成。据不完全统计,国家层面已有53部法律、71部行政法规设立了专门的信用条款;地方层面已有25个地方出台省级、14个地方出台市级社会信用相关地方性法规。2022年11月,《中华人民共和国社会信用体系建设法(向社会公开征求意见稿)》向社会公开征求意见,对于推动社会信用体系建设全面纳入法治轨道具有重要意义。我国社会信用体系的基本框架如图1-2所示。

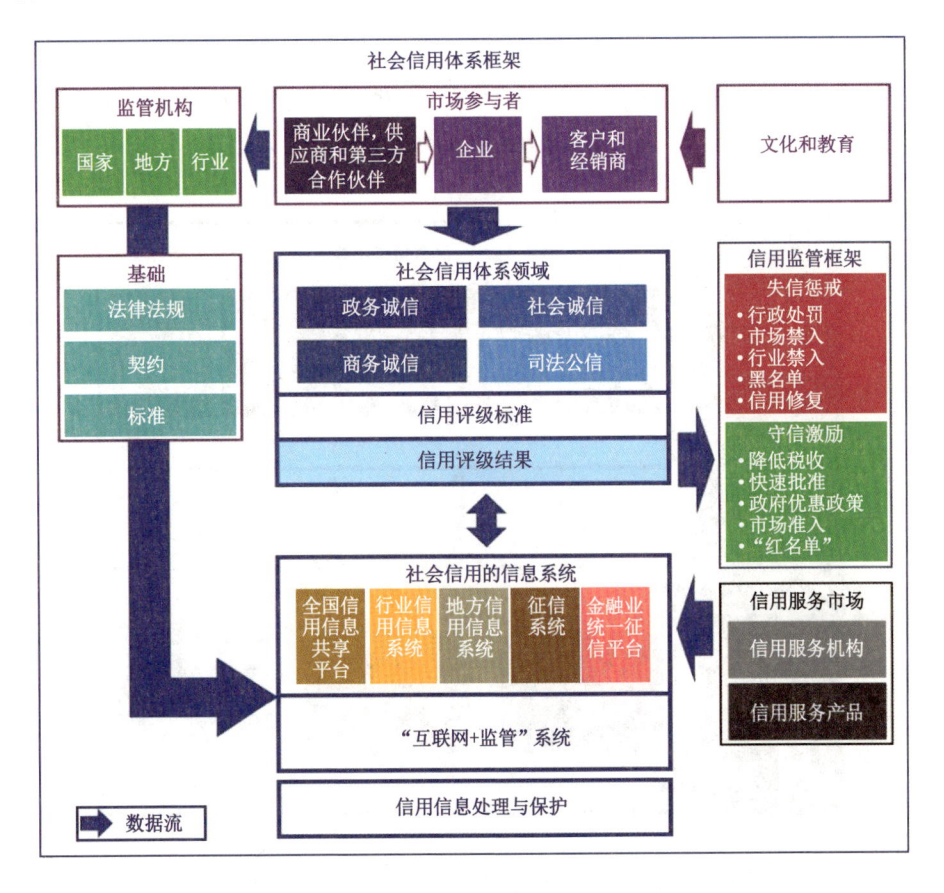

图1-2 我国社会信用体系的基本框架

1.2 信用平台加快构建

随着数字经济的高速发展,完善的信用信息平台在构建个人信用、企业信用体系过程中正发挥着重要作用。近年来,我国持续推进全国信用信息共享平台建设,加快推动市场主体各类监管和信用信息的"互联网＋监管"系统创建,持续推进信用信息归集共享。通过采取统一社会信用代码制度、"三证合一"(工商营业执照、组织机构代码证和税务登记证)等措施,以及规范信用信息的采集、整合、交换、发布和使用方法,实现了地方信用信息平台、行业信用信息系统、市场资信调查、评级机构与中央数据库的互联互通,加快了大数据资源整合。社会信用体系"互联网＋监管"系统框架如图 1-3 所示。

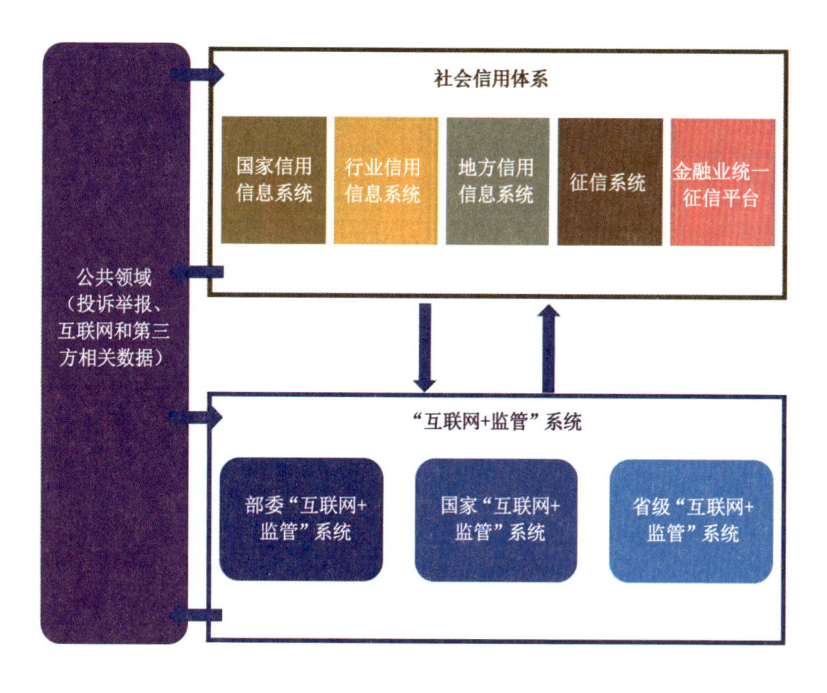

图 1-3　社会信用体系"互联网＋监管"系统框架

国家发展和改革委员会会同多部门联合共建的全国信用信息共享平台不断扩大联通范围,现已联通国务院下属各个部门、各省区市和70余家市场机构,归集各类信用信息超过370亿条。"信用中国"网站归集发布行政许可和行政处罚信息超过1.47亿条,在招投标、采购、交易等过程中,通过网站查询信用信息已成为公众的共识。国家能源局坚持定期编制能源行业失信联合惩戒对象统计分析报告,以及能源行业信用状况年度报告,通报信用优、良、中、差级企业名单,预警信用风险。同时,组织行业协会、重点企业和第三方组织,完善能源行业信用信息系统平台功能,共同推进信用信息归集共享、信用评价和信用修复等信用建设工作,营造能源行业信用共建共治共享良好氛围。

1.3 联合奖惩深入实施

2016年5月,国务院出台《关于建立完善守信联合激励和失信联合惩戒制度加快推进社会诚信建设的指导意见》(国发〔2016〕33号),构建了信用联合惩戒的基本框架。2017年10月,国家发展和改革委员会、中国人民银行牵头,正式联合印发《关于加强和规范守信联合激励和失信联合惩戒对象名单管理工作的指导意见》(发改财金规〔2017〕1798号),是我国首部关于信用红黑名单统一认定标准。2020年12月,《国务院办公厅关于进一步完善失信约束制度构建诚信建设长效机制的指导意见》(国办发〔2020〕49号)指出,修订能源行业信用数据清单和行为清单,完善能源行业公共信用综合评价制度(标准和规范),依法规范失信约束行为。"守信者处处受益、失信者寸步难行"已成为一种常态。

近年来,以黑红名单制度、失信信息披露制度、失信责任追究制度、信用修复制度、信用承诺制度、信息公示制度、信用负面清单制度、"绿色通道"激励制度、科研诚信制度建设等为抓手,通过部门联动、社会协同,建立了信用惩戒和激励应用等综合性、立体化的惩戒体系。联合奖惩和信用修复机制的建立,一方面帮助拥有优质信用的企业获得更好的商业资源,另一方面组织市场主体做好信用修复和异议申请工作。国家发展和改革委员会已建立一套标准化的信用修复机制,企业可以通过做出信用修复承诺,参加公益慈善活动,接受相关信用专题培训,提高经营者依法诚信经营意识,对公司内部机构不合规方面进行核查、整改等方式开展信用修复和补救。

1.4 信用监管稳步推动

信用监管是社会信用体系建设和行政管理体制改革相结合的产物,是顺应商事制度改革和数字经济发展需要,是充分运用大数据等现代信息技术进行的监管创新。2019 年 7 月,《国务院办公厅关于加快推进社会信用体系建设构建以信用为基础的新型监管机制的指导意见》(国办发〔2019〕35 号)文件印发,提出建立健全贯穿市场主体全生命周期,衔接事前、事中、事后全监管环节的新型监管机制,标志着信用分级分类监管机制顶层设计的开始。

为全面提升信用监管的精准性、有效性和靶向性,2019 年以来,国家陆续出台发布相关文件、政策、规划约 25 个,涉及知识产权保护、现代环境治理、医疗保障、养老服务、冷链物流、市场监管、登记管理等方方面面、各行各业。例如:2021 年 7 月,国务院发布《中华人民共和国市场主体登记管理条例》,第三十八条指出登记机关应当根据市场主体的信用风险状况实施分级分类监管;2022 年 1 月,国务院发布《国务院关于印发"十四五"市场监管现代化规划的通知》(国发〔2021〕30号),提出要完善信用风险分类管理机制,结合"互联网+监管"系统企业信用评价结果、公共信用综合评价结果、行业信用评价结果等,进一步提高信用监管科学化水平;2022年4月,中共中央、国务院发布《中共中央 国务院关于加快建设全国统一大市场的意见》,提出把信用监管作为全面提升市场监管能力的重要手段之一;2022年3月,中共中央办公厅、国务院办公厅印发《关于推进社会信用体系建设高质量发展促进形成新发展格局的意见》(中办发〔2022〕25号),指出要加快健全以信用为基础的新型监管机制,建立健全信用承诺制度,全面建立企业信用状况综合评价体系。总体看,信用监管是我国顺应数字经济发展需要,充分利用大数据等现代信息技术和信用管理的思维和方法进行的监管创新。在信息高度透明的互联网时代,基于大数据技术的信用监管是未来政府监管的必然趋势,是提升社会治理能力和水平的重要手段。

1.5 信用长效机制持续完善

2020年底,《国务院办公厅关于进一步完善失信约束制度构建诚信建设长效机制的指导意见》(国办发〔2020〕49号)文件印发。该指导意见统筹谋划未来一个时期社会信用体系发展趋势和发展要求,围绕信用信息记录、严重失信主体名单认定和失信惩戒三大关键问题,提出"构建一个体系、坚持四个原则、规范七项任务、强化四大保障"的发展新布局,对全面推动社会信用体系建设高质量发展作出前瞻谋划和系统布局。该指导意见强调坚持保护权益、审慎适度原则,并在严重失信主体名单认定知情权和异议处理、确保失信行为与惩戒措施过惩相当、建立健全信用修复配套机制、加强信息安全和隐私保护等方面提出了依法依规保护各类信用主体合法权益的具体举措,进一步健全和完善了社会信用体系建设。

在党和政府高度重视及社会各界的共同努力下,全社会对社会信用体系建设的重要性认识逐步提高,出现了各部门、各地方、社会组织、信用服务机构及企业和个人共同参与建设的良好局面。2022年3月,中共中央办公厅、国务院办公厅联合印发《关于推进社会信用体系建设高质量发展促进形成新发展格局的意见》(中办发〔2022〕25号),要求扎实推进信用理念、信用制度、信用手段与国民经济体系各方面各环节深度融合,进一步发挥信用对提高资源配置效率、降低制度性交易成本、防范化解风险的重要作用。今后,我国将把社会信用体系服务保障中国式现代化建设推到一个新的历史高度。

第 2 章 煤炭行业信用建设现状

习近平总书记指出:"社会主义市场经济是信用经济、法治经济。"完善的社会信用体系是供需有效衔接的重要保障,是资源优化配置的坚实基础,是良好营商环境的重要组成部分,对促进国民经济循环高效畅通、构建新发展格局具有重要意义。煤炭企业在以高质量发展推进中国式现代化建设的进程中,信用建设是一道必答题。

2.1 煤炭行业信用特征

多年来,煤炭行业广大干部职工认真遵守国家法律、法规及职业道德,积极履行行业自律义务,践行《煤炭行业自律公约》,自觉维护国家和行业整体利益,努力创造良好的行业发展环境,不断培育诚信守法经营的先进文化,形成了具有行业鲜明特色的信用特征。

一是使命担当,责任奉献,坚持能源安全供给树自信,这是"信用煤炭"的本质特征。煤炭行业是一个有责任感和使命感的行业,行业有一支识大体、顾大局、讲奉献、有作为的职工队伍。毛泽东在1925年《中国社会各阶级分析》一文中称赞"他们特别能战斗"。在能源供应紧张时期,煤炭人为国分忧,为民解难,多出煤、出好煤,付出了巨大牺牲。在煤炭工业改革发展时期,煤炭人解放思想,自强不息,与时俱进,接力奋进。进入新时代,煤炭人坚持以习近平新时代中国特色社会主义思想为指导,坚持新发展理念,深入贯彻能源安全新战略,以国家主人翁的高度责任感,做出了重大贡献。特别是在供给侧结构性改革中,他们坚定不移地化解过剩产能,安置职工,推行绿色智能化开采;在煤炭紧缺的关键时刻,他们听党话、跟党走,加班加点生产,"硬核"推进保供稳价。据统计,中华人民共和国成立以来,我国已累计生产煤炭1 000多亿吨,这是几百万煤炭人承担的最大责任与诚信。

二是稳字当头,稳中求进,坚持煤炭经济平稳运行树自强,这是"信用煤炭"的根本要求。煤炭作为我国主体能源的战略定位赋予了煤炭行业"能源的饭碗必须端在自己手里"的光荣使命。近年来,煤炭企业落实国家增产保供政策,有序释放先进产能,积极参与储备基地建设,落实电煤中长期合同,全力推进电煤中长期合同签订履约工作。据统计,2023年全国完成煤炭产量47.1亿吨,同比增长3.4%,规模以上煤炭企业完成营业收入3.5万亿元,实现利润总额7 628.9亿元。煤炭供应保障能力显著增强,煤炭价格运行在合理区间,煤炭企业盈利能力稳定,为促进宏观经济"稳、进、立"奠定了坚实的能源基础。

三是统一开放,竞争有序,坚持煤炭市场化改革树自律,这是"信用煤炭"的实现路径。市场化改革是推进煤炭行业信用体系建设的关键一步和重要路径。无论是20世纪90年代大规模的"三角债"问题,还是近几年部分企业出现的"债务违约""合同违约""黑名单"等问题,都为企业信用风险敲响了警钟。多年的市场化改革成果,为加快煤炭行业信用体系建设奠定了坚实基础。自2013年起,国家取消电煤重点合同和电煤价格双轨制,煤炭交易市场体系建设持续深化,煤炭期货市场不断培育发展,由政府和煤炭上下游行业企业共同推动形成的中长期合同制度和"基础价+浮动价"的定价机制成为共识。在此背景下,煤炭企业自律意识提高,市场交易行为不断规范,煤炭中长期合同签订履约信用数据采集全面开展,行业信用体系建设得到进一步加强。

四是勇立潮头，矢志创新，坚持科技兴煤树自立，这是"信用煤炭"的重点任务。行业始终坚持科技是第一生产力，不断完善煤炭科技创新体系。2023年煤炭行业新增13个全国重点实验室、19个应急管理部和国家矿山安全监察局重点实验室。重大关键核心技术攻关取得新进展。世界首套10米超大采高智能综采装备、深部矿井热害治理、新型煤基纳米碳氢炸药及制备工艺技术、含氦煤层提取高纯氦等一批重大创新成果涌现，智能开采、矿山生态、清洁煤电、煤炭转化等重要领域实现跨越发展，煤机装备制造水平位于世界先进行列。截至2023年底，已建成了一批多种类型、不同模式的智能化煤矿，智能化采掘工作面达到1 600个左右，建成了世界最大的清洁高效煤电供应和现代煤化工技术体系，行业科技贡献率达到60%以上。科技自立正深刻改变着"信用煤炭"的未来图景。

五是绿色发展，勠力转型，坚持"双碳"目标引领树自爱，这是"信用煤炭"的丰富内涵。全行业牢记"绿水青山就是金山银山理念"，坚定不移走生态优先、绿色发展之路。矿区"三废"治理和资源综合利用力度不断加快，生态文明矿区建设深入推动，资源开发与环境协调发展。以黄河流域保水绿色开采、国家采煤沉陷区综合治理、大型矿区生态修复等一大批重大项目成为建设典范；以国家能源集团为代表的一批大型企业深化国有资本投资试点改革，深度瞄准新能源、现代煤化工、氢能、储能和信息科技等新兴产业提质升级；中国中煤能源集团有限公司、山东能源集团有限公司、山西焦煤集团有限责任公司、河南能源集团有限公司、辽宁能源投资(集团)有限责任公司等大型企业加快并购重组转型步伐，一批多种形式的煤电联营、煤炭与新能源优化组合项目落地，产业"强链、补链、延链"深入推进，"信用煤炭"的内涵更加丰富。

六是员工关怀,利民为本,坚持人民至上树自尊,这是"信用煤炭"的最终目标。员工的成长成才历来都是卓越企业和优秀企业家"时时放心不下"的大事。实践证明:哪里能解决好职工队伍最关心、最直接、最现实的需要,哪里就能干出好事大事实事。多年来,煤炭行业始终注重职工发展,坚持人民至上、生命至上,让员工获得的不仅有工资、奖励和荣誉,还有安全、健康、体面、自尊和自信;持续聚焦社会关注和利益相关方需求,积极回应社会各方关切,坚持不懈创新企业发展理念,在乡村振兴、教育扶贫、社区帮扶、抢险救灾、捐款捐赠、疫情防控、海外援助等方面彰显责任担当。当前,为职工办实事正成为常态,企业成为职工幸福之家正在创建,煤炭人的"煤"好未来正在绘就。

2.2 煤炭行业信用标准建设

2007年,全国整顿和规范市场经济秩序领导小组办公室和国务院国有资产监督管理委员会行业协会领导办公室联合印发了《关于加强行业信用评价试点管理工作的通知》(整规办发〔2007〕3号),明确了中国煤炭工业协会为首批行业信用评价试点单位,在煤炭行业开展信用评价、推进信用体系建设。2016年底,国家发展和改革委员会等10部门印发《行业协会商会综合监管办法(试行)》,鼓励协会发挥其在社会信用体系建设中的积极作用。2017年,国家能源局印发了《能源行业市场主体信用评价工作管理办法(试行)》并正式成立"能源行业信用体系建设领导小组"。自此,煤炭行业的信用体系建设工作,由原来的商务部、国有资产监督管理委员会批准组织,转变为国家发展和改革委员会等部门指导实施。

根据《能源行业市场主体信用评价工作管理办法(试行)》要求,能源行业市场主体信用表现由"优"至"劣"统一划分为AAA、AA、A、B、

C三等五级。能源市场主体的信用评价结果将在项目核准(备案)、市场准入、日常监管、政府采购、专项资金补贴、评优评奖等工作中加强应用,并将通过共享共通的方式,与政府部门、行业组织建立联合激励惩戒机制。

中国煤炭工业协会作为煤炭行业自律性组织,具有广泛的会员基础和非营利性的特征,掌握着会员企业甚至上下游企业的信用信息,因此协会有责任成为行业信用建设的组织者,有能力为会员服务、为行业谋利,有条件制定行规行约、开展诚信教育培训、进行信用评价与监督以及督促企业诚信经营,从而达到维护行业整体利益和市场秩序的目的。

多年来,中国煤炭工业协会从制度和标准入手,有序推动行业信用建设标准化、规范化和信息化,先后制定下发了《煤炭行业自律公约》《煤炭行业诚信守则》《煤炭行业信用评价指标》《煤炭行业企业信用评价管理办法》等配套文件,编印了《全国煤炭行业信用等级评价工作指南》,发布了《关于深入推进煤炭行业信用体系建设的指导意见》,并先后三次修订完善了适用于各类煤炭企业的信用评价标准,全面开展了信用体系建设工作。

2.3 煤炭行业信用等级评价

信用评级是对企业信用风险的诊断和预警。经过多年不断的探索和创新,煤炭行业信用评价已由最初的规划设计变成了广大煤炭企业积极参与的丰富实践。行业信用等级评价体系基本形成了以"一个领导结构,四方协同评价,十一大评价标准"为主要内容的评价体系。

一个领导机构即中国煤炭工业协会;四方协同评价,指评价组织单位(中国煤炭工业协会)、协调组织单位(专业性行业协会和省级行业协会)、第三方评价单位(专业信用评价机构)和辅助评价人员(行业专家);十一大评价标准,包括煤炭生产(集团)、煤炭生产(煤矿)、工程建设、工程设计、工程监理、地质勘查、装备制造、煤炭流通、加工利用、咨询服务、售电等11类企业信用等级评价标准。煤炭行业信用等级评价组织机构图如图2-1所示。

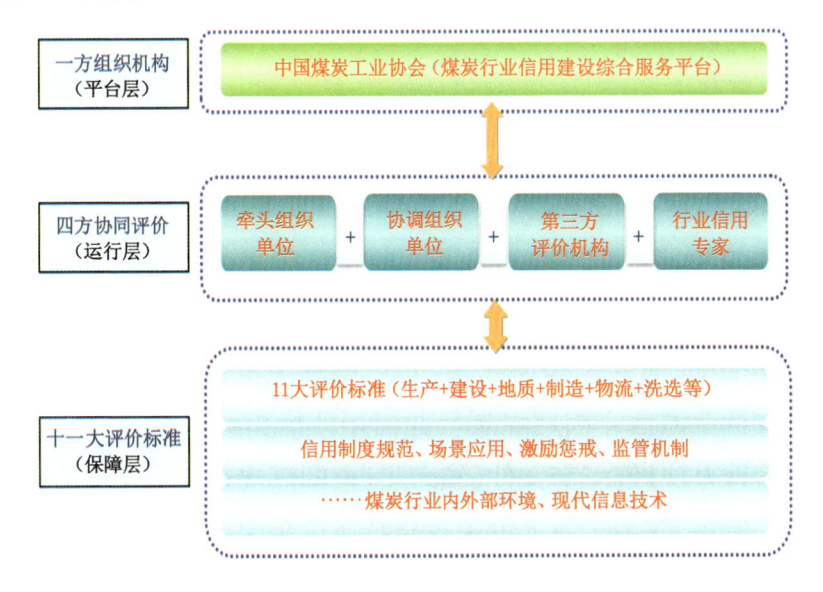

图2-1 煤炭行业信用等级评价组织机构图

这套评价体系实行"三统一"制度,即统一评价标准、统一证书和标牌、统一有效期限。评价体系集煤炭企业信用数据采集、评价结果发布、行业政策对接和失信企业管理等服务功能于一体,为行业提供信用评价服务、政策咨询服务与综合信息发布服务等,基本实现了对煤炭企业信用全过程的动态化管理。截至2023年底,累计受评企业1 455家,其中,4/5以上的受评企业通过了AAA级认定,约4/5的受评企业参与了年度复查,约4/5的行业50强企业获得了AAA级认定。受评企业涵盖面广、代表性强、影响力大,行业信誉度和美誉度显著增强,煤炭人讲诚信、守纪律、做奉献、顾大局的初心和使命得到进一步彰显。

2.4 煤炭行业诚信宣传教育

　　诚信宣传教育是提升企业信用管理水平的重要手段。多年来,行业广泛通过各种活动对社会信用体系建设进行宣传教育,努力营造良好的信用环境,生动展现了"信用让生活更美好"。中国煤炭工业协会在官网开辟"信用煤炭"专栏,宣传国家信用体系建设的有关政策和煤炭行业信用建设成果,通过典型示范作用,引导企业在生产经营、财务管理、劳动用工、安全生产、信用管理等环节强化信用自律。

　　一批煤炭企业积极发挥信用管理和宣传教育的示范作用,深入推进信用理念、信用制度、信用手段与企业生产运营管理各方面、各环节深度融合。如国家能源集团强化诚信合规教育,多层次、矩阵式加强信用管理;中国中煤能源集团有限公司强化了客户分级分类动态管理,进一步提升了客户管理水平;中国煤炭科工集团有限公司不断提高资产经营能力和完善账款清收工作,使企业应收应付账款处于合理水平;中国煤炭地质总局提出"三个地球"建设规划,助力可持续发展;兖矿能源集团股份有限公司强化现场管理,实施产品质量的全过程控制,公司精煤质量达到国际洁净煤领先水平;淮北矿业(集团)有限责任公司开展了员工诚信承诺活动,将诚信理念深入员工心中;安徽省皖北煤电集团有限责任公司加大诚信宣传教育,开展职工信用档案记录工作;西安煤矿机械有限公司成立专业的售后服务队伍,实施的"保姆式"服务模式得到用户良好评价。目前,行业50强企业积极建立信用管理部门和信用风险制度,企业信用管理和员工诚信教育水平得到明显提升。

2.5　煤炭行业信用存在的主要问题

从政府层面看,主要表现为:信用服务机构行业分布界限较为模糊,政府有效监管还不足;信用数据渠道纷繁复杂,信用信息共享平台不共享不兼容,信用数字化管理有待提升;行业信用评价结果应用场景总体较少,缺少政策支持,目前很难作为银行授信的参考依据,应用覆盖率不足。

从行业层面看,主要表现为:行业信用管理发展缓慢,行业建设和信用指导有待加强,行业信用信息目录和信用档案有待完善;行业资质管理与信用评价还不够规范,多头多级评价问题还较为普遍;在能源安全新战略和"双碳"目标下,煤炭减量化替代成为必然,行业绿色低碳转型任务艰巨,促消费和投资的信心有待增强,企业融资贵、融资难、贷款难问题普遍存在。

从企业层面看,具体表现为:对信用认识还较为狭义、片面和局限,认为信用仅仅与融资贷款、招投标、政策申请、采购赊销等相关,尚未认识到广义信用建设的重要性和紧迫性;部分企业存在违规生产经营、违约拖欠逃债、违法交易、商业欺诈、制售假冒伪劣产品和以次充好、竞相压价等行为;企业不同程度面临各种信用风险,既存在信息披露不及时不准确、债务负担较重、相关制度不健全、内部信用激励约束机制缺失等一般风险,又存在安全生产和生态保护压力、服务投诉以及合同违约、行政处罚、黑名单、异常经营记录等方面的重大风险甚至重大失信行为;企业信用管理能力不够,信用管理制度、归口管理机构以及信用信息档案建设不健全,专业人员匮乏等。

综上所述,煤炭行业信用建设存在的主要问题如表 2-1 所示。

表 2-1　煤炭行业信用建设存在的主要问题

类别	存在的主要问题
政府层面	信用服务机构行业分布界限较为模糊,政府监管不足
	信用数据渠道纷繁复杂,信用数字化管理有待提升
	煤炭行业信用评价结果应用场景总体较少,缺少政策支持
行业层面	企业贷款难、融资难、融资贵问题普遍存在
	信用管理行业发展缓慢,行业建设和指导有待加强
	行业资质管理与信用评价还不够规范
企业层面	企业信用理念有待加强,认知水平有待提升
	存在不正当市场竞争行为或违法违规、弄虚作假现象
	煤炭市场主体不同程度面临各种信用风险
	信用管理能力不够,信用信息处理及共享应用能力有待加强
	信用管理制度和组织机构不健全,信用专业人员匮乏

第3章 煤炭行业信用评价

按照政府部门要求,结合行业特点,中国煤炭工业协会扎实推进行业信用评价工作。当前,煤炭行业信用状况整体较好。据国家能源局发布的《能源行业信用状况年度报告(2021)》显示,煤炭企业总体信用状况较好,其中优良级和中级企业12 836家,占煤炭企业总数的近90%,综合实力和发展创新能力强;从中国人民银行征信中心出具的企业征信报告来看,98.7%的受评企业显示银行资信状况良好,无银行不良记录;从联合资信等国内知名资信评估机构近期的研究报告来看,预计到2024年煤炭供需基本平衡、行业盈利稳定、价格有所趋稳,煤炭行业信用质量将整体稳定并持续改善。从行业经济运行情况看,2023年,全国煤炭产量达到47.1亿吨,规模以上煤炭企业营业收入3.5万亿元,实现利润总额7 628.9亿元,利润水平在41个大类的工业行业中名列前茅,固定资产投资累计同比增长12.1%。这些都表明煤炭企业保持了良好的信用状况,处于优良级水平。

3.1 信用评价总体情况

自2008年开展煤炭行业信用等级评价工作以来,截至2023年底,共有1 455家企业受评,其中,2020年受评数量最多,为195家,整体看,受评数量呈增长态势。2008—2023年煤炭行业信用等级评价企业数量如图 3-1 所示。

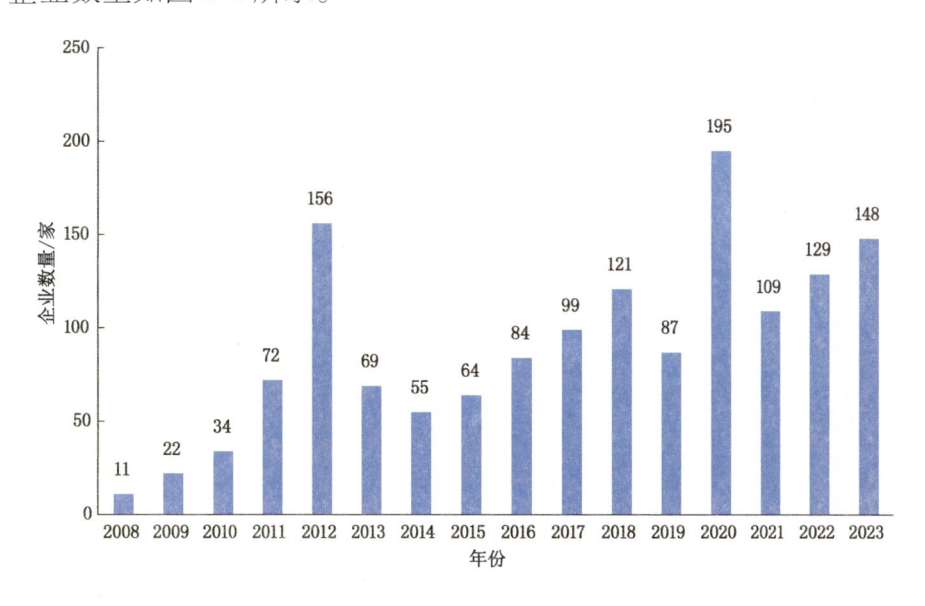

图 3-1 2008—2023 年煤炭行业信用等级评价企业数量

3.1.1 受评企业类别统计

2008—2023 年,受评的 1 455 家企业中,煤炭生产企业 678 家,占 46.6%;煤机装备制造企业 193 家,占 13.26%;煤炭地质勘查企业 359 家,占 24.67%;煤炭工程建设企业 154 家,占 10.58%;煤炭物流企业 63 家,占 4.33%;加工利用企业 5 家,占 0.34%;其他类型企业 3 家,占 0.21%。受评企业按企业性质分类统计情况如表 3-1 所示。

表 3-1 受评企业按企业性质分类统计情况　　　　　单位:家

年度	煤炭生产企业	煤机装备制造企业	煤炭地质勘查企业	煤炭工程建设企业	煤炭物流企业	加工利用企业	其他类型企业	合计
2008 年	11							11
2009 年	20		1	1				22

表 3-1(续)

年度	煤炭生产企业	煤机装备制造企业	煤炭地质勘查企业	煤炭工程建设企业	煤炭物流企业	加工利用企业	其他类型企业	合计
2010年	10	10	13	1				34
2011年	39	15	11	7				72
2012年	71	20	16	20	29			156
2013年	35	11	5	7	11			69
2014年	20	13	15	6	1			55
2015年	27	9	11	12	5			64
2016年	70	5	4	5				84
2017年	35	9	40	14	1			99
2018年	27	13	58	20	3			121
2019年	63	8	5	9	1		1	87
2020年	58	25	90	20	1	1		195
2021年	68	14	13	10	2	1	1	109
2022年	29	28	55	12	3	2		129
2023年	95	13	22	10	6	1	1	148
合计	678	193	359	154	63	5	3	1 455
占比	46.6%	13.26%	24.67%	10.58%	4.33%	0.34%	0.21%	100%

2018—2023年,受评的煤炭生产企业中,综合得分排名前三的企业分别是山东能源集团有限公司、国能神东煤炭集团有限责任公司和中煤平朔集团有限公司(见表3-2);受评的煤机装备制造企业中,综合得分排名前三的企业分别是郑州煤矿机械集团股份有限公司、徐州徐工基础工程机械有限公司和宁夏天地奔牛实业集团有限公司(见表3-3)。

表3-2 2018—2023年综合评分前十的受评煤炭生产企业

序号	企业名称
1	山东能源集团有限公司
2	国能神东煤炭集团有限责任公司
3	中煤平朔集团有限公司
4	华晋焦煤有限责任公司
5	同煤大唐塔山煤矿有限公司
6	陕煤集团神木张家峁矿业有限公司
7	陕煤集团神木红柳林矿业有限公司
8	彬县煤炭有限责任公司
9	山西天地王坡煤业有限公司
10	国能宝日希勒能源有限公司

表3-3 2018—2023年综合评分前十的受评煤机装备制造企业

序号	企业名称
1	郑州煤矿机械集团股份有限公司
2	徐州徐工基础工程机械有限公司

表 3-3(续)

序号	企业名称
3	宁夏天地奔牛实业集团有限公司
4	西安煤矿机械有限公司
5	中国煤矿机械装备有限责任公司
6	山东能源集团装备制造(集团)有限公司
7	山西煤矿机械制造股份有限公司
8	南京六合煤矿机械有限责任公司
9	安徽省矿业机电装备有限责任公司
10	山东金科星机电股份有限公司

2018—2023 年,受评的煤炭地质勘查企业中,综合得分排名前三的企业分别是中化地质矿山总局山东地质勘查院、江苏长江地质勘查院、中煤地质集团有限公司(见表 3-4);受评的煤炭工程建设企业中,综合得分排名前三的企业分别是中煤西安设计工程有限责任公司、通用技术集团工程设计有限公司和中煤科工集团北京华宇工程有限公司(见表 3-5)。

表 3-4 2018—2023 年综合评分前十的受评煤炭地质勘查企业

序号	企业名称
1	中化地质矿山总局山东地质勘查院
2	江苏长江地质勘查院
3	中煤地质集团有限公司
4	陕西省煤田物探测绘有限公司

表 3-4(续)

序号	企业名称
5	中化地质矿山总局地质研究院
6	江西省煤田地质局二二七地质队
7	中国煤炭地质总局勘查研究总院
8	西安煤航遥感信息有限公司
9	吉林省煤田地质局二〇三勘探队
10	山西省煤炭地质一四四勘查院有限公司

表 3-5　2018—2023 年综合评分前十的受评煤炭工程建设企业

序号	企业名称
1	中煤西安设计工程有限责任公司
2	通用技术集团工程设计有限公司
3	中煤科工集团北京华宇工程有限公司
4	中煤天津设计工程有限责任公司
5	河南省工建集团工程建设有限公司
6	中煤江南建设发展集团有限公司
7	陕西煤业化工建设(集团)有限公司
8	中鼎国际工程有限责任公司
9	煤炭工业太原设计研究院集团有限公司
10	中煤矿山建设集团有限公司

3.1.2　受评企业级别统计

2008 年以来,受评企业中,获得 AAA 级评级企业共有 1 190 家,占

81.79%;此外,获得 AAA⁻级企业 112 家,AA⁺级企业 35 家,AA 级企业 116 家,AA⁻级企业 2 家。受评企业按级别分类统计情况如表 3-6 所示。

表 3-6　受评企业按级别分类统计情况　　　　　　　　单位:家

年度	AAA级	AAA⁻级	AA⁺级	AA级	AA⁻级	合计
2008年	7	1		3		11
2009年	14	4		4		22
2010年	27	2		5		34
2011年	56	1	1	14		72
2012年	103	17	8	28		156
2013年	58	4	1	5	1	69
2014年	51	4				55
2015年	59	5				64
2016年	56	4	2	22		84
2017年	82	10	4	3		99
2018年	95	17	3	6		121
2019年	74	4	6	3		87
2020年	157	21	3	13	1	195
2021年	98	5	1	5		109
2022年	117	8	2	2		129
2023年	136	5	4	3		148
合计	1 190	112	35	116	2	1 455
占比	81.79%	7.70%	2.41%	7.97%	0.14%	100%

3.1.3　受评企业地区统计

2008 年以来,全国 32 个省(区、市)中,除海南、西藏、新疆建设兵团外,其余 29 个省(区、市)均有企业受评。其中,山西、陕西、山东等

3省均有超过100家企业获评煤炭行业AAA、AA级信用企业。山西、内蒙古、陕西、新疆、贵州、安徽等6个2023年产煤亿吨级省(区)受评企业数量占比达到53.53%,如图3-2所示。

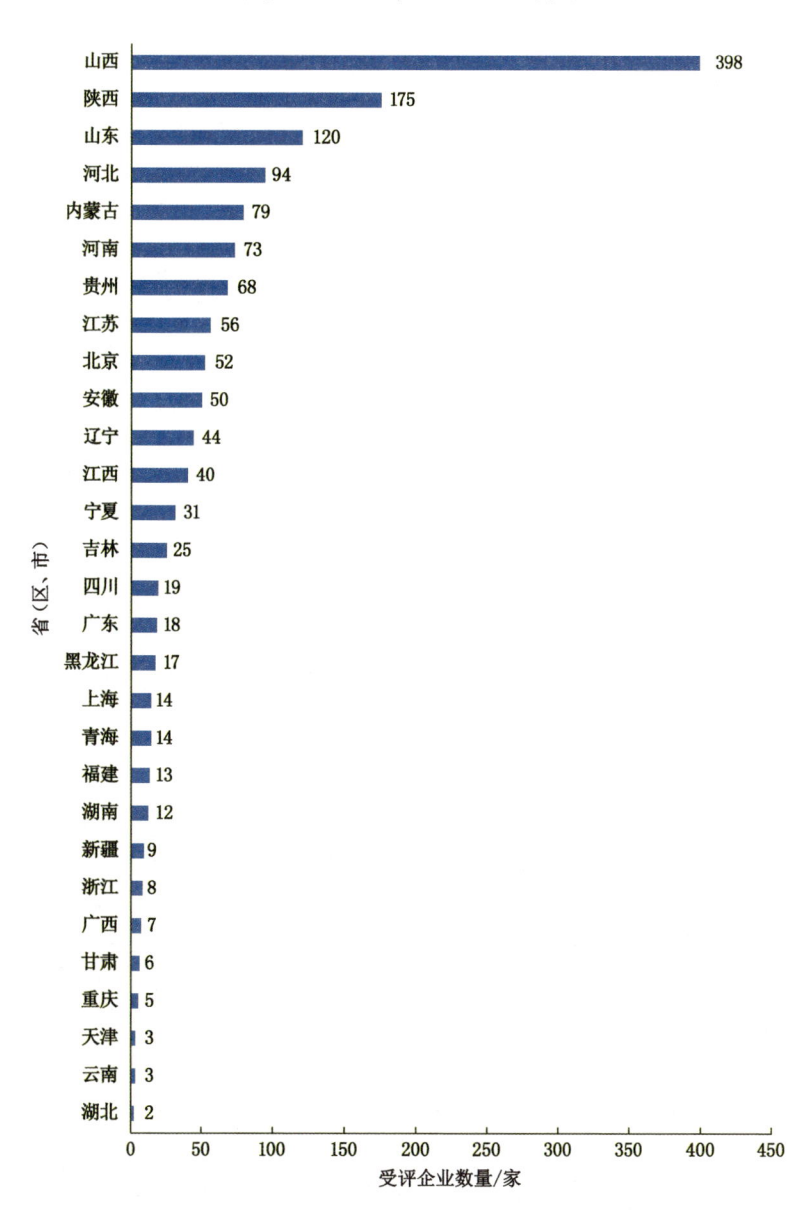

省(区、市)	受评企业数量/家
山西	398
陕西	175
山东	120
河北	94
内蒙古	79
河南	73
贵州	68
江苏	56
北京	52
安徽	50
辽宁	44
江西	40
宁夏	31
吉林	25
四川	19
广东	18
黑龙江	17
上海	14
青海	14
福建	13
湖南	12
新疆	9
浙江	8
广西	7
甘肃	6
重庆	5
天津	3
云南	3
湖北	2

图3-2 受评企业数量按地区级别情况统计图

3.1.4 2023年度信用评价总体情况

2023年,全年共有148家企业受评。其中,煤炭生产企业95家,工程建设企业6家,工程设计企业2家,工程监理企业2家,地质勘查企业22家,装备制造企业13家,煤炭流通企业6家,加工利用企业1家,咨询服务企业1家。2023年受评企业分类统计情况如表3-7所示。

表3-7 2023年受评企业分类统计情况　　　　单位:家

地区	煤炭生产(集团)	煤炭生产(煤矿)	工程建设	工程设计	工程监理	地质勘查	装备制造	煤炭流通	加工利用	咨询服务	合计
安徽	3		1			5					9
北京								2		1	3
广东						2					2
贵州	2										2
河北			1			1	1	1			4
河南	1						5	1			7
黑龙江						2					2
湖南			1				1				2
江苏			1			2	1	1			5
江西			1								1
内蒙古	2			1		1		1			5
青海						1					1

表 3-7(续)

地区	企业类型										合计
	煤炭生产（集团）	煤炭生产（煤矿）	工程建设	工程设计	工程监理	地质勘查	装备制造	煤炭流通	加工利用	咨询服务	
山东	2		1				1				4
山西	9	55					5	1		1	71
陕西	3	17		1	2		2	3			28
四川						1					1
新疆		1									1
合计	22	73	6	2	2	22	13	6	1	1	148

从评价结果看：获评 AAA 级企业有 136 家，占 91.9%；AAA⁻ 级企业有 5 家，占 3.4%；AA⁺ 级企业有 4 家，占 2.7%；AA 级企业有 3 家，占 2.0%。2023 年受评企业按级别分类统计如图 3-3 所示。

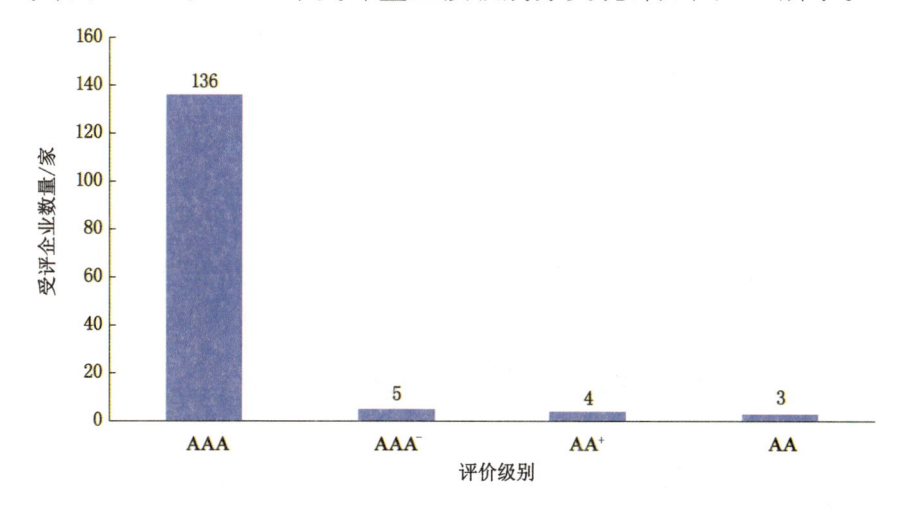

图 3-3 2023 年受评企业按级别分类统计

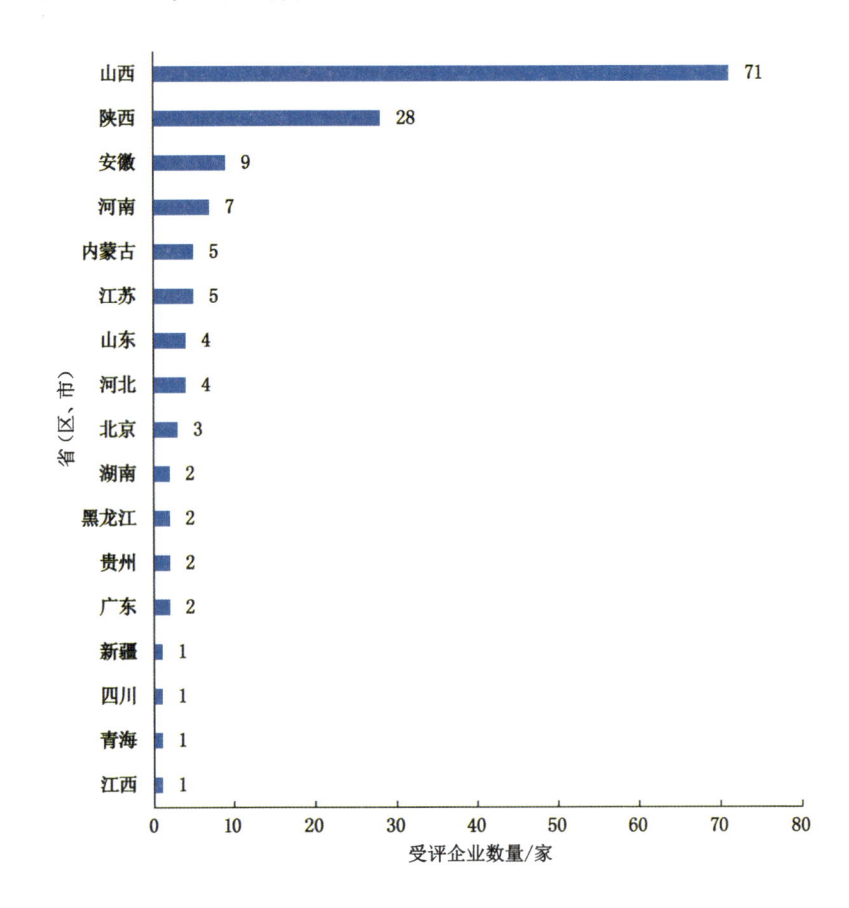

从图 3-4 可以看出,参评单位分布在全国 17 个省(区、市)。

省(区、市)	受评企业数量/家
山西	71
陕西	28
安徽	9
河南	7
内蒙古	5
江苏	5
山东	4
河北	4
北京	3
湖南	2
黑龙江	2
贵州	2
广东	2
新疆	1
四川	1
青海	1
江西	1

图 3-4　2023 年受评企业按地区分类统计

从得分情况看,受评的 148 家企业中最高 977 分,最低 858.5 分,平均 913.9 分,其中有 52 家企业高于平均分,96 家企业低于平均分。

3.2　信用评价综合指标特点分析

按照国家部委有关要求,煤炭行业信用等级评价指标体系于 2018 年和 2023 年先后两次进行了修订完善,目前施行三级指标体系，共计 70 余项指标。本书重点对受评的煤炭生产、工程建设、装备制造和地质勘查企业进行分析。

从分指标看，一级指标包括基本情况、经营能力、管理能力、财务能力和社会信用等五个方面。从图 3-5 可以看出：2018—2023 年，受评煤炭生产企业财务能力最优，平均得分率达 93.24%；工程建设企业基本情况和社会信用最优，平均得分率分别达到 94.34% 和 91.49%；装备制造企业经营能力最优，平均得分率达到 96.28%；地质勘查企业管理能力最优，平均得分率达到 93.03%。

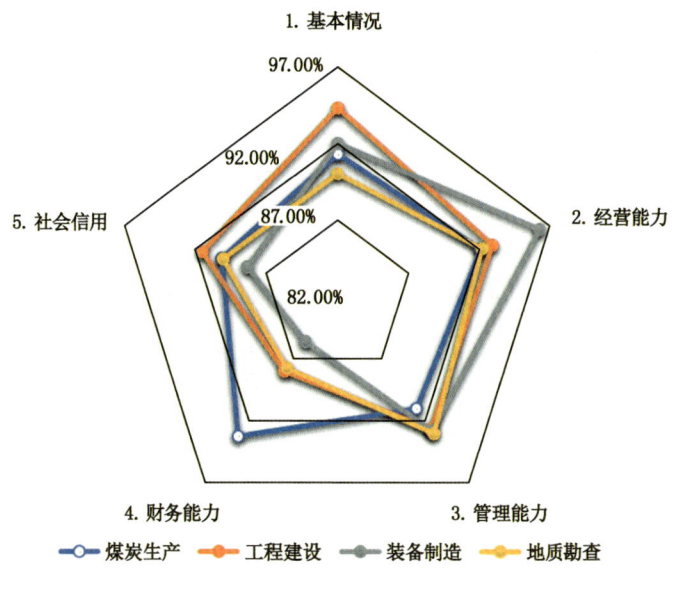

图 3-5　煤炭企业信用评价一级指标得分率情况

3.2.1　基本情况

一级指标"基本情况"主要包含企业注册资本、资产总额、净资产、营业收入、成立时间、党建工作、资质状况等指标。

在企业规模和经营年限方面，受评企业证照齐全有效，均保持了

1年及以上的正常生产经营,资产、收入等指标满足评价标准要求。综合来看,2018—2023年,受评企业"基本情况"这一指标项平均得分率在93%以上,表明受评企业基本素质优良,有一定的防范和抵御信用风险的能力和基础。从失分项看,主要集中在党建工作方面。

3.2.2　经营能力

一级指标"经营能力"主要包含管理人员、技术人员、绩效考核、科技奖、科技投入比率、人员培训、设备管理、合同履约率、用户满意度调查、产品销售率等指标。

在装备水平方面,大部分受评企业生产机械化程度较高,建立了设备寿命周期全过程管理,包括设备选择、使用、维护修理、更新改造及报废等全过程的管理工作。从评价数据来看,煤炭企业该指标项平均得分率超过97%,说明煤炭企业的设备管理整体处于较优水平,但也有部分企业在设备全生命周期管理过程中存在不完善的地方,如设备管理制度、设备档案和维修保养记录尚不健全,以及设备全生命周期的信息化管理水平较低等。

在营销能力方面,在能源安全增产保供和市场高位运行的影响下,受评企业采购/销售合同履约率和产品销售率平均得分率均超过99%,表明受评煤炭企业合同履约优、产品销售好。

综合来看,2018—2023年,受评企业"经营能力"这项指标平均得分率在92%以上,经营能力相对较强。企业失分项主要体现在科技创新能力、人才队伍建设能力、客户管理等方面。

3.2.3　管理能力

一级指标"管理能力"主要包含制度建设,客户和供应商管理,信息化建设,战略规划制定和实施,质量、环境、职业健康安全体系建设情况,伤亡情况,安全、质量、环保监管情况,企业文化建设,管理创新成果,信用管理部门和人员,全面风险管理体系等指标。2018—2023年,受评企业"管理能力"这项指标平均得分率在91%以上,失分项主要集中在制度建设、战略规划、风险管控、安全生产、企业文化和信用组织体系建设等方面。

3.2.4 社会信用

一级指标"社会信用"主要包含行约遵守情况、社会公益事业、员工权益、纳税情况、劳动保障情况、企业获奖情况、处罚信息等。根据行业不同,总分值略有不同:煤炭生产企业140分,工程建设企业110分,地质勘查企业130分,装备制造企业130分。

社会公益事业方面,主要体现在:一是救助灾害、救济贫困、扶助残疾人等困难的社会群体和个人的活动;二是参与教育、科学、文化、卫生、体育事业活动;三是参与环境保护、社会公共设施建设;四是促进社会发展和进步的其他社会公共和福利事业。社会公益事业占10分,煤炭生产、工程建设、地质勘查、装备制造等受评企业在该项得分的平均水平分别是9.86分、9.63分、9.96分和9.41分,表明煤炭企业参与社会公益事业积极性高,社会公益贡献处于较高水平。

员工权益方面,煤炭企业除了给予员工高额的薪酬,还积极保障员工权益,如:休息休假权、获得劳动安全卫生的权利、享受社会保险的权利、享有职业技能培训的权利。员工权益占20分,依据受评企业提供的材料、记录及与员工的谈话,煤炭生产、工程建设、地质勘查、装备制造等受评企业平均得分率均在99%以上。需要说明的是,个别企业在劳动(劳务)合同签署方面有待进一步规范。

处罚信息方面,受评企业在日常经营活动过程中基本上严格执行各项法律法规和规章制度,未受到行政部门如司法、工商、质检、金融、安全、环保以及行业管理等部门的处罚。但部分企业依然存在为违法违规行为,受到过行政处罚、上过黑名单。处罚信息占 30 分,受评企业平均得分率在 93％以上,装备制造企业最高,达到 99％。

综合来看,2018—2023 年,受评企业"社会信用"这项指标平均得分率在 93％以上,煤炭地质勘查企业的社会信用整体较优。

3.3 信用评价财务指标特点分析

信用的最大特点反映到财务上就是提质、增效、降本。煤炭行业信用评价财务指标主要包含财务人员素质、财务制度、全面预算管理、资产负债率、速动比率、现金流动负债比、到期贷款偿还率、总资产报酬率、净资产收益率、主营业务利润率、总资产周转率、年应收账款周转率、资本保值增值率、营业收入增长率、总资产增长率等。

从财务状况综合表现来看,2018—2023 年,受评企业"财务状况"这项指标平均得分率在 82％以上,其中煤炭生产企业财务状况整体优于其他类型煤炭企业。

3.3.1 财务人员素质和财务制度管理

从财务人员素质看,2018—2022 年,煤炭生产、工程建设、地质勘查、装备制造等受评企业在该项的平均得分率分别为 90.64％、93.34％、83.12％、87.24％,工程建设企业财务人员素质较高,地质勘查企业相对较低。总体看,煤炭企业财务人员素质整体较高,能够满足企业日常生产经营需要。

从财务制度看,2018—2022 年,煤炭生产、工程建设、地质勘查、装备制造等受评企业在该项的平均得分率分别为 97.09％、97.45％、96.83％、94.4％,表明受评企业财务制度健全、执行情况良好,为公司发展起到了较好的财务保障作用,但部分企业在应收应付账款管理、成本管控、现金流管理、利润分配、股利政策、资金审批等方面需要进一步加强和规范。

从全面预算管理来看,2018—2022年,煤炭生产、工程建设、地质勘查、装备制造等受评企业的平均得分率分别为96.41%、96.78%、98.5%、94.13%,表明受评企业全面预算管理制度建立情况良好,全面预算编制内容全面、精确、符合实际情况,全面预算的分解、执行和控制情况基本落实到位,但应进一步发挥全面预算管理的监控与考核、高效使用企业资源、有效管理经营风险、增收降本的作用。

3.3.2 资产负债水平

从资产负债水平看,2018—2022年,受评企业年度平均资产负债率分别为74.19%、64.59%、61.35%、56.2%、44.83%(见图3-6)。受评企业资产负债水平好转,整体呈逐年下降态势,其中煤炭生产企业的资产负债率逐年改善,工程建设企业资产负债水平相对较高,装备制造和地质勘查企业负债率略有上升后下降,但受益于煤炭市场盈利能力的提升,这些受评企业的债务风险总体可控。

3.3.3 盈利能力

净资产收益率反映了企业利用自有资本获得净收益的能力。2018—2022年,受评企业年度平均净资产收益率分别为10.02%、13.00%、8.93%、23.66%、44.00%(见图3-7),展现了很好的盈利能力,特别是煤炭生产企业近年来盈利能力大幅度提升,工程建设、地质勘查、装备制造等企业经营效益一般,净资产收益率在1.5%~7.5%之间,盈利能力相对稳定。

主营业务利润率重点反映了企业的主营业务盈利能力。2018—

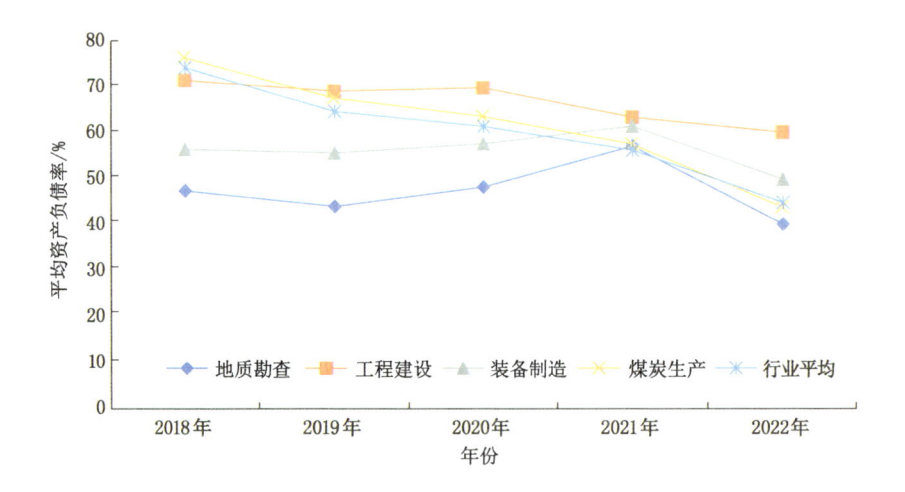

图 3-6　2018—2022 年受评企业平均资产负债率变化情况

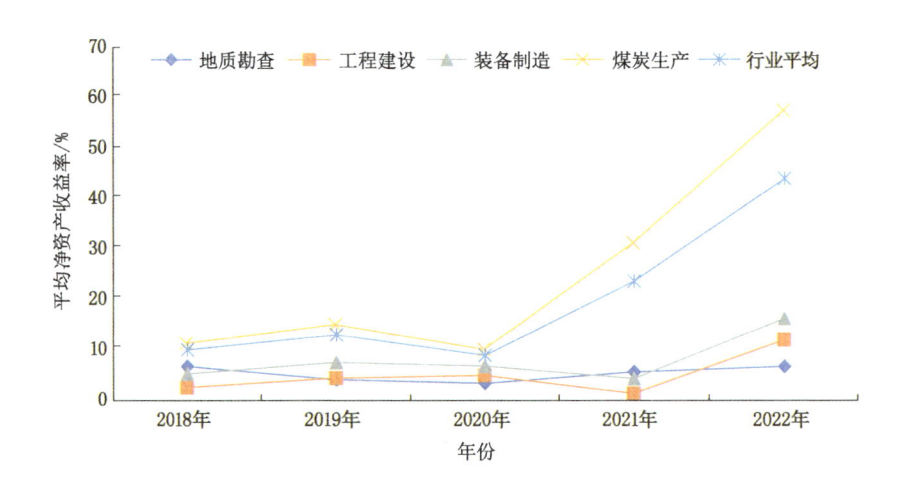

图 3-7　2018—2022 年受评企业平均净资产收益率变化情况

2022年，受评企业年度平均主营业务利润率分别为 18.43％、18.43％、20.89％、27.63％、47.11％（见图3-8），其中，受益于煤炭市场价格的增长，煤炭生产企业主营业务盈利能力强、市场竞争力强、获利水平高，地质勘查、装备制造、工程建设等企业主营业务利润率有下滑态势，应引起重视。

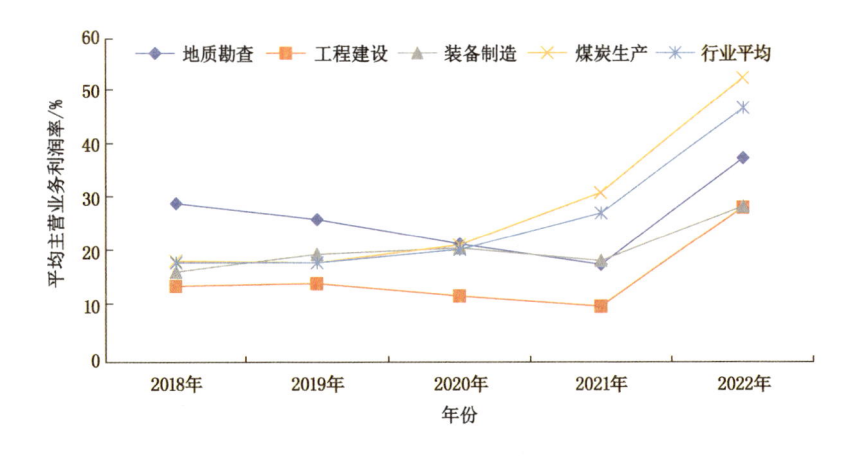

图 3-8　2018—2022 年受评企业平均主营业务利润率变化情况

3.3.4　资产经营能力

总资产报酬率反映了企业运用全部资产的总体获利能力。2018—2022 年,受评企业年度平均总资产报酬率分别为 3.15%、4.80%、4.38%、11.7%、26.99%(见图 3-9),其中煤炭生产企业的资产获利能力和投入产出状况较优,总体资产经营能力较强。

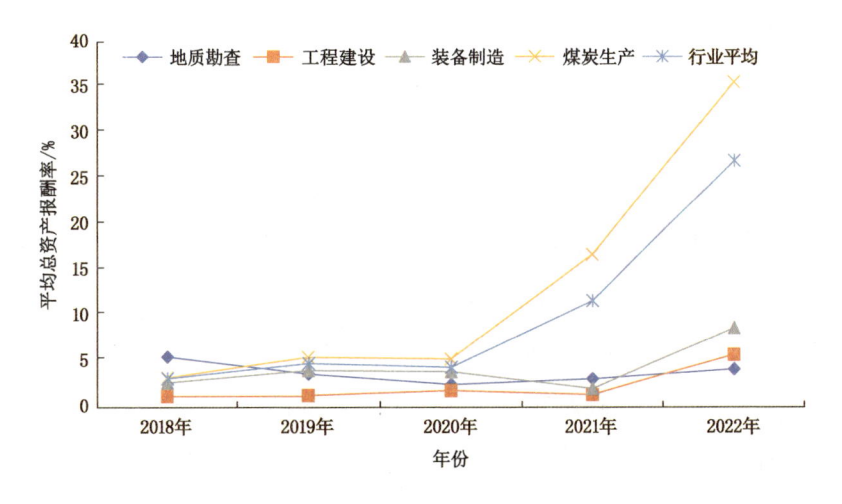

图 3-9　2018—2022 年受评企业平均总资产报酬率变化情况

3.3.5 可持续发展能力

营业收入增长率反映了企业的可持续发展能力。营业收入增长率方面,2018—2022年,受评企业年度平均营业收入增长率分别为2.92%、10.22%、9.31%、41.60%、17.25%(见图3-10)。总体来看,近年来受评企业营业收入保持一定增长趋势,市场前景较好,发展趋势乐观。

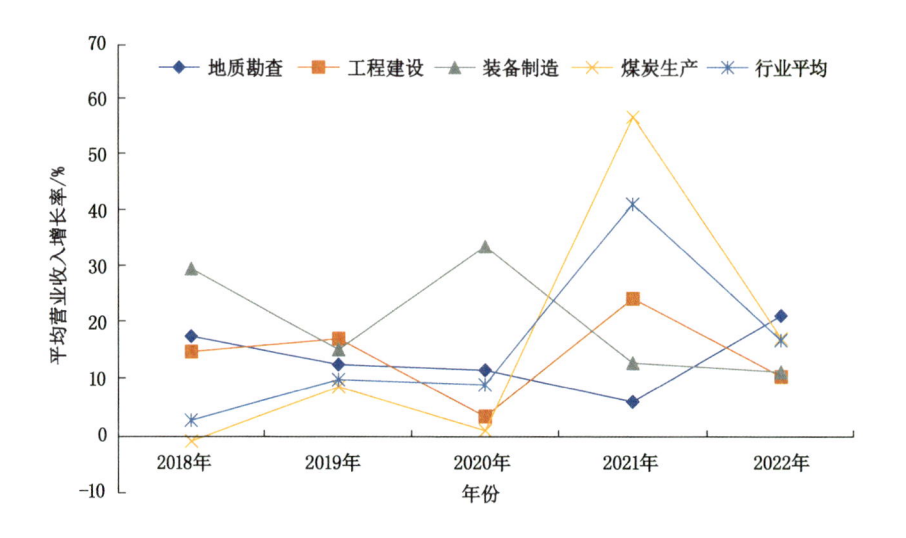

图3-10　2018—2022年受评企业平均营业收入增长率变化情况

总资产增长率指标是从企业资产总量扩张方面衡量企业的发展能力,表明企业规模增长水平对企业发展后劲的影响。2018—2022年,受评企业年度平均资产总额增长率分别为2.08%、3.76%、6.74%、11.88%、8.02%(见图3-11)。总体来看,煤炭企业资产经营规模扩张速度加快,但应注意资产规模扩张的质与量的关系,以及企业的后续发展能力,避免资产盲目扩张。

利润总额增长率反映企业实现全部利润的持续增长能力。从该

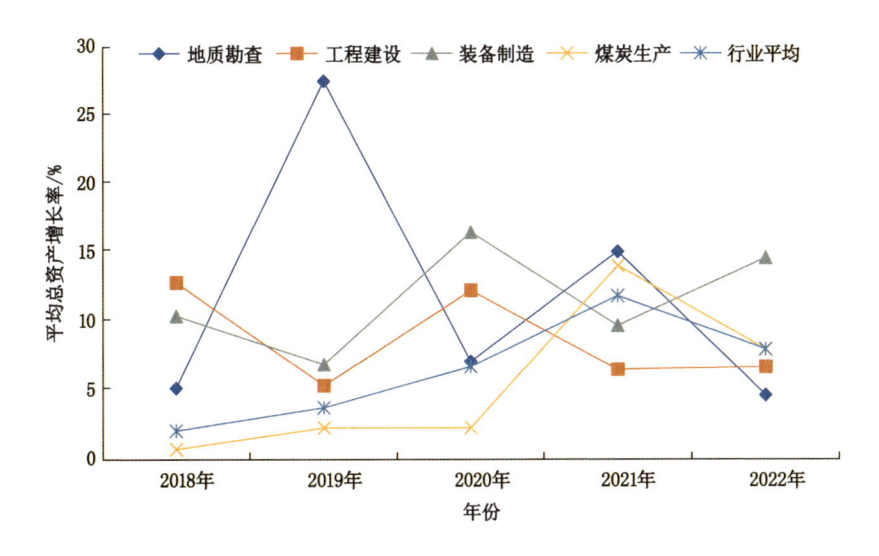

图 3-11　2018—2022 年受评企业平均总资产增长率变化情况

项指标来看,2018—2022 年,受评企业年度平均利润总额增长率分别为 25.61％、7.91％、26.06％、159.42％、52.96％(见图 3-12),呈现增长态势,表明煤炭企业盈利水平有很好的增长速度和趋势。

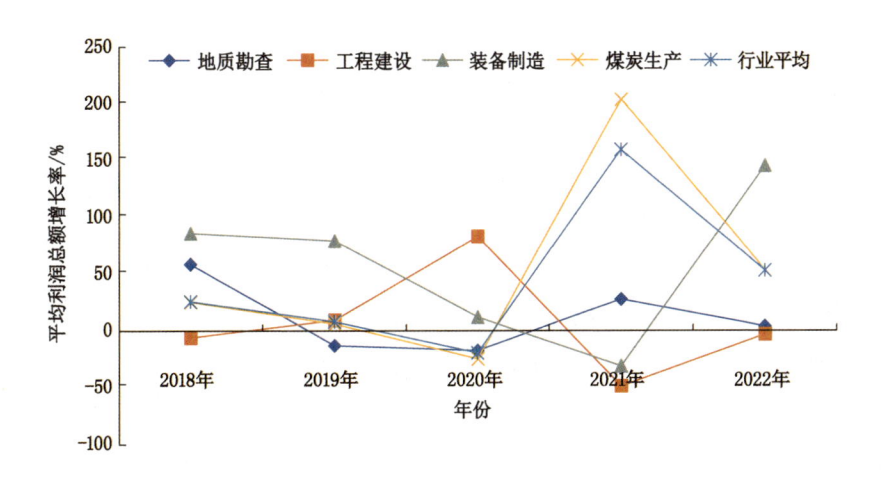

图 3-12　2018—2022 年受评企业平均利润总额增长率变化情况

第4章 煤炭行业信用管理

信用是介于德治与法治之间的一种社会关系和社会活动的行为准则,这种以"德治+法治"为基础的规则,管理得好,高信用带来低风险高收益,事半功倍,管理得不好,低信用带来高风险低收益,风险隐患常伴。当前,欧美发达国家的信息公开透明程度较高,信用风险管理能力较强,信用甚至被赋予了商品属性用来交易,其中尤以美国为典型范本。

守信有方法,失信一定有原因。煤炭行业属于传统能源行业,在市场经济的发展过程中,会面临各类信用风险,这是必然的,也是不可回避的。根据《能源行业信用状况年度报告(2021)》和能源行业信用信息平台归集的失信惩戒对象名录,煤炭行业相关企业占能源行业失信主体的比重达到55%左右,其中,行政处罚和合同违约数量较多,煤炭生产和工程建设领域失信行为较多,山西、内蒙古、贵州等煤炭主产区失信行为较多。在煤炭企业自身和上下游供应链中,还存在各种失信行为相互交织的问题。

根据《能源行业市场主体信用评价工作管理办法(试行)》,能源企业有6项严重失信行为的,将实行一票否决制:一是在信用评价申报或动态管理过程中有严重弄虚作假行为或串通操纵评价结果的;二是伪造或冒用较高信用等级证明从事经营活动的;三是在市场经营活动中,严重违反行业自律公约,存在恶意竞争、扰乱市场等行为,造成严重后果的;四是存在合同诈骗等严重违法活动的;五是被列入能源行业严重失信黑名单,或其他相关政府部门、司法机关联合惩戒黑名单的;六是其他严重违反现行法律法规规定的。这些信用风险既有行业的共性特点,如安全风险、环保风险、市场风险,又有企业的个性特征,如战略风险、法律风险、高资产负债率风险等。煤炭行业发展已经到了一个新的历史阶段,加强煤炭行业信用风险管理,是履行企业核心价值观和社会责任的具体表现,更是推动行业高质量发展的有效作为。

4.1 影响煤炭行业信用的主要因素

从行业发展环境看,主要表现在资源接续、机制完善、安全供应和转型升级等四个方面:

(1) 煤炭资源接续长期稳定供应有隐忧。一是煤炭持续高强度生产面临安全压力。近年来,一大批煤炭先进产能产量陆续释放,持续高强度、满负荷生产,出现了采掘接续紧张[据相关部门数据分析,目前生产煤矿中约15%出现采掘(剥)接续紧张]、设备维护不够、灾害治理欠账等情况,实现长期平稳生产存在制约因素。二是煤炭资源接续面临新问题。据自然资源部统计数据,目前,我国埋深在2 000米以浅的煤炭储量约为5.8万亿吨,查明资源量约为1.7万亿吨,但可采储量不到2 100亿吨,按目前的开采条件和消费水平,可供开采年限不足50年。在部分煤炭富集区和稀缺煤种区,千米以深的煤炭可采量占到1/3以上。从全国看,山西煤炭基地后备资源储备不足、接续产能建设滞后;河南、山东、河北、安徽、蒙东(东北)等煤炭基地开采趋向深部,各类灾害愈加严重,面临持续减产的态势。山东省内煤矿平均剩余服务年限约为18.5年,10年内平均采深将达900米以上;陕北、蒙西等煤炭基地接续煤矿开发面临资源、生态等问题制约;新疆煤炭资源丰富、开采条件好,但运输瓶颈问题突出。

(2) 煤炭供应保障协调机制有待健全完善。一是煤炭产能核增手续办理需优化。煤炭产能核增手续办理程序复杂、耗时长,产能置换指标供需失衡、购置困难,置换政策亟须调整。二是露天煤矿用地难问题依然突出。露天煤矿建设用地指标不足,受草原征占用难、项目审批复杂等因素限制,在供需紧张时产能难以释放。三是煤炭中长期合同保供任务压力大。部分省区保供核增煤矿未能达产,加之部分煤矿生产条件变化造成减产和铁路外运条件限制等原因,完成电煤保供履约难度较大。四是铁路运力配置和集疏运系统能力不足。部分煤炭产区铁路集疏运系统建设滞后,铁路发运计划与中长期合同量不匹配,车型与下游用户接卸能力不配套,用煤高峰请车需求与铁路部门备车量不匹配,影响到煤炭中长期合同履约兑现。

(3) 煤炭应急供应保障难度加大。一是全国煤炭区域间平衡难度加大。我国煤炭生产重心进一步向晋、陕、蒙、新四省(区)集中,而煤炭消费重心则主要集中在华东、东北等地区,煤炭产需逆向分布格局更为凸显,季节性、流向性跨区域调配规模逐步扩大,区域间平衡压力增加。二是煤炭供给弹性不足,区域性应急保供能力有待加强。我国煤炭消费具有明显的季节性变化特点,同时,随着新能源装机容量和发电量的不断增加,新能源发电波动性、间歇性和不可预测性特征势必造成电力系统负荷峰谷差加大,进而增大煤电顶峰发电能力和电煤消费的波动性。当前我国煤炭消费总量大与供给弹性小的矛盾较为突出,一旦遭遇区域性极端天气并对水电、新能源发电造成影响,部分地区煤炭应急保障能力将面临考验。

(4) 煤炭企业转型升级任重道远。一是老矿区、老企业转型升级压力依然较大。老煤矿企业在历史上曾为我国经济社会发展做出突出贡献,当前较好的盈利状况掩盖了老矿区、老煤炭企业发展的突出矛盾和问题,这些企业发展面临煤矿产能退出比重大、生产成本大幅度提高、接续替代产业发展乏力、生态修复和环境治理欠账、基础设施建设落后、高素质人才匮乏以及关闭退出煤矿资产债务处置等诸多困难和问题,在经济增长、碳减排、社会维稳等多方面承压,转型发展亟待更加精准的政策、资金、人才、技术等方面支持。二是行业绿色低碳转型任务依然艰巨。在"双碳"目标背景和能源绿色低碳转型发展的大趋势下,与其他能源品种相比,煤炭行业去碳、降碳、减碳、固碳以及节能改造任务艰巨,转型发展更具挑战。

从企业发展内部环境看,结合近些年受评企业的评价结果,影响煤炭企业信用管理水平的因素主要表现在制度建设、科技创新、风险管控、战略规划实施、人才保障、安全生产、客户管理、企业文化、信用组织体系建设、党建工作等10个方面:

(1) 制度建设和执行力欠缺。制度建设是推动信用体系建设的重要基础。一个健康可持续发展企业的主要标志就是各项信用制度更加健全,信用服务门类更加齐全。2018—2023年,受评企业在制度建设指标下的年度平均得分率分别为90.3%、90.6%、89.8%、90.0%、89.1%、89.3%(见图4-1)。其中,煤炭生产企业由于以国有企业为主,规模和综合实力相对较强,制度相对健全。总体看,近几年受评企业制度建设水平未有明显提升,主要表现为:一是制度未及时修订、修编和调整;二是制度制定大多自上而下,命令式、灌输式、高压式落实居多,执行不到位问题突出;三是制定制度的前期计划、调研、研讨不足,后期效果评估、评判、反馈不够。

(2) 科技创新能力还不强。科学技术是第一生产力,是先进生产力的集中体现和主要标志。用科技创新改造提升煤炭产业,将是煤炭行业实现转型升级高质量发展的重要路径。科技投入比率是企业本

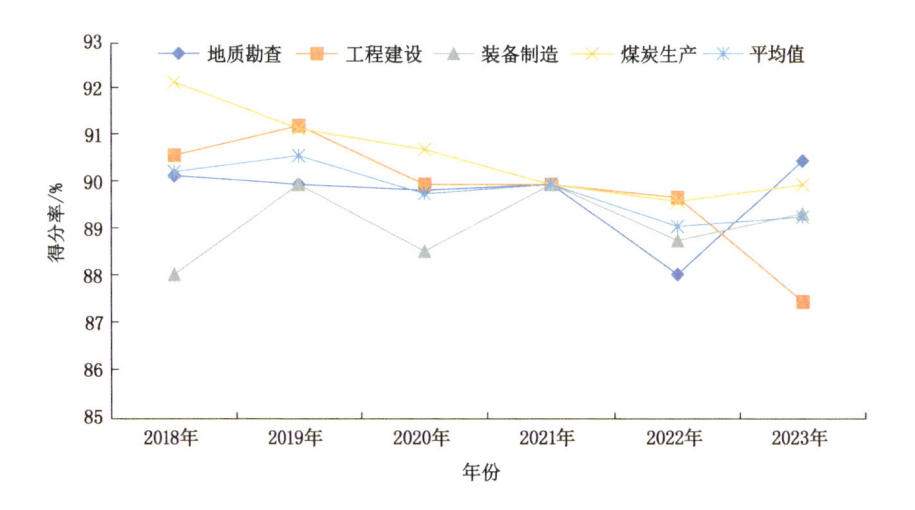

图 4-1　2018—2023 年受评企业制度建设指标得分率情况

年科技支出(包括用于研究开发、技术改造、科技创新等方面的支出)与本年营业收入的比率,反映企业在科技进步方面的投入,在一定程度上可以体现企业的发展潜力。

2018—2023 年,受评企业在科技投入比率指标下的年度平均得分率分别为 89.3%、80.8%、84.1%、93.4%、94.4%、94.2%(见图 4-2)。其中,装备制造企业近年来加大科技投入,加快智能制造,科研投入比率得分率最高。总体看,受评企业 2023 年科技投入比率呈上升态势,但受评企业 2023 年科技投入比率平均约为 1.8%,相较于全国平均水平 2.55%仍有差距。这一方面是由于煤炭企业科技投入总体还不够,自主创新能力还不足;另一方面和科研成果转化率低、科研诚信不足、知识产权保护意识不强也有一定关系。

(3)风险管控水平还不足。有信用就一定会产生风险。全面风险管理就是围绕企业总体经营目标,通过在企业管理的各个环节和经营过程中执行风险管理的基本流程,培育良好的风险管理文化,建立健全全面风险管理体系,包括风险策略、风险措施、风险管理的组织体

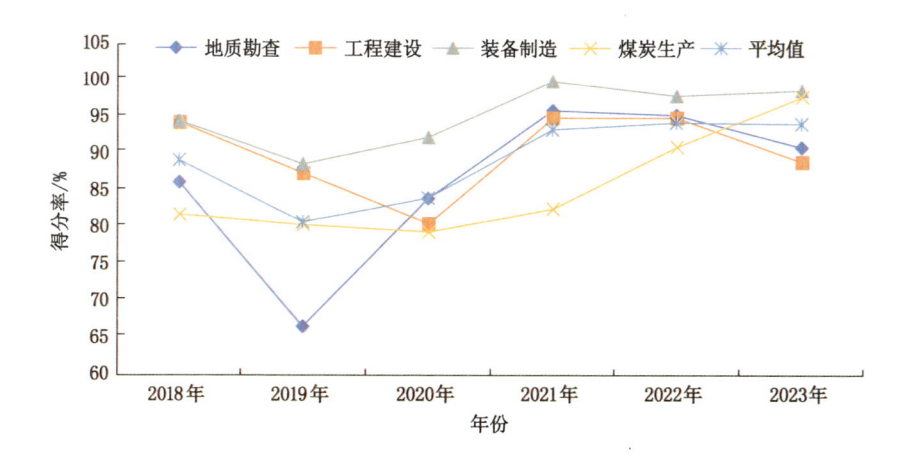

图 4-2　2018—2023 年受评企业科技投入比率指标得分率情况

系、风险管理信息系统和内部控制系统，从而为实现风险管理的总体目标提供合理保证的过程和方法。

2018—2023 年，受评企业在全面风险管理指标下的年度平均得分率分别为 88.6%、85.3%、81.7%、78.9%、72.7%、74.4%（见图 4-3）。总体看，近几年受严峻复杂的行业内外部环境影响，煤炭企业的全面风险管控水平不但没有提升，还有下降态势，主要表现为：一是有的企业对全面风险管理体系认识还不清，未全面建立风险管理体系，未能提供全面风险管理报告；二是有的企业尽管建立了风险管理相关制度，但对风险缺乏识别和控制，执行流于形式；三是有的企业对风险隐患分级分类排查不到位，排查后整改不到位，整改后监督不到位，企业风险分级分类的排查、整改和监督能力普遍不足。

（4）战略规划实施效果不佳。战略规划引领企业高质量发展航向，简单来说，就是明确目标，并在现有的条件和未来条件下，达到既定目标。2018—2023 年，受评企业在战略规划制定指标下的年度平均得分率分别为 95.4%、95.8%、92.5%、96.3%、90.3%、97.2%（见图 4-4），表明受评企业普遍制定了科学可行的中长期规划或落实上级

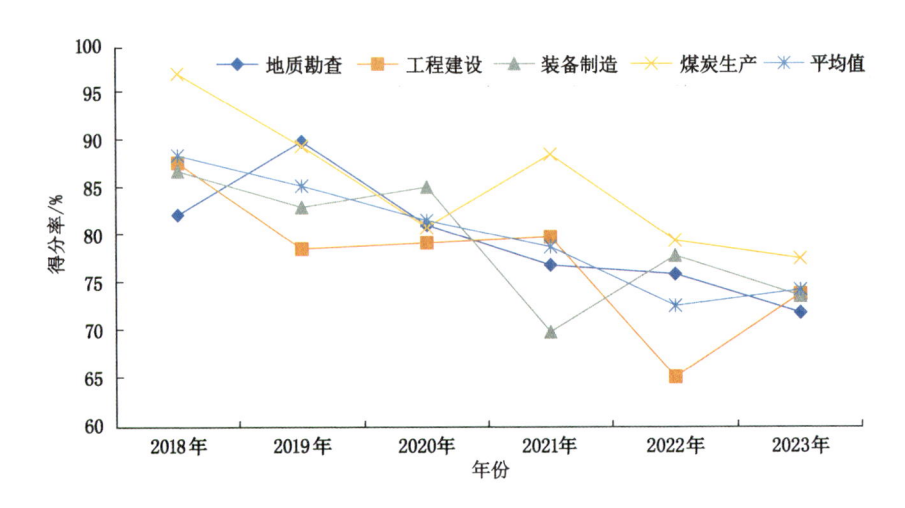

图 4-3 2018—2023 年受评企业全面风险管控指标得分率情况

的规划,经营目标较为明确,经营策略和管理措施较为有效,但存在的问题是:一是战略规划对企业既往发展成就经验和存在问题分析还不够;二是部分企业相关部门责任不明晰,制定过程中缺乏深度调研分析,存在脱离企业发展实际的情形;三是部分企业战略规划的制定不能聚焦主责主业和支撑企业未来长远发展,不符合行业、企业产业布局优化和结构调整所要求的发展方向与重点。

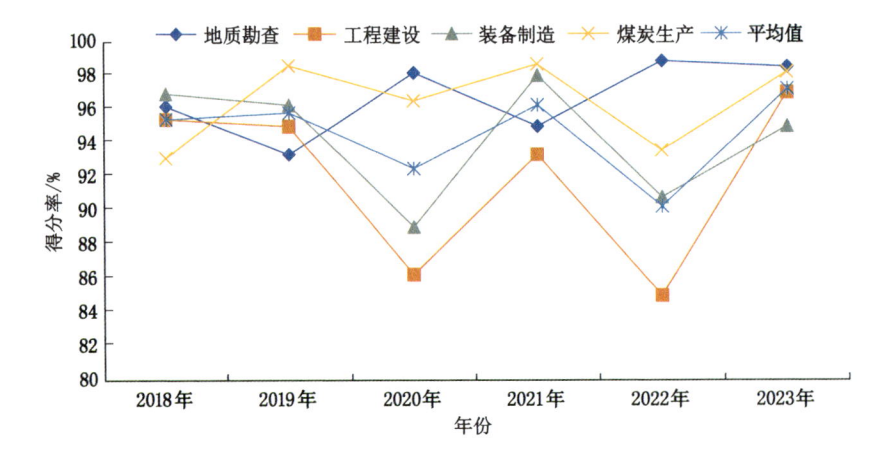

图 4-4 2018—2023 年受评企业战略规划制定指标得分率情况

从战略规划的实施效果看,2018—2023年,受评企业在企业战略规划实施指标下的年度平均得分率分别为95.2%、97.2%、95.0%、96.9%、97.4%、94.7%(见图4-5)。就平均水平看,受评企业基本能有效制订年度计划并落实,煤炭生产企业战略规划制定情况相对较好。从问题来看,主要表现为:一是部分企业在规划实施过程中,未能进行科学有效的评估和调整;二是有的集团化企业对下属单位的战略规划下达不符合实际的考核目标;三是实施过程中,职能部门目标不清晰、职责不明确。

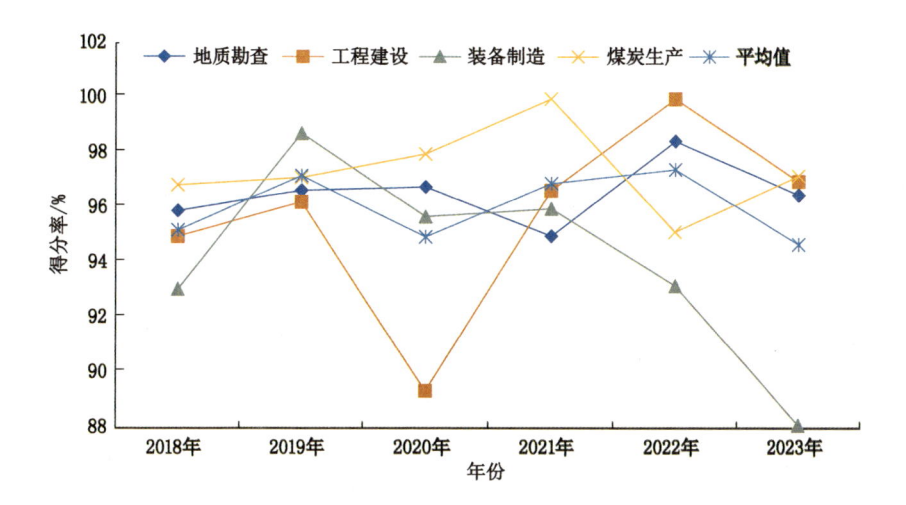

图4-5 2018—2022年受评企业战略规划实施指标得分率情况

(5) 人才队伍短板突出。人才是企业第一资源,是企业发展的硬实力。人员素质方面,根据受评企业各类人员素质情况(包括注册人员、管理技术人员、高级技师、技师、高级工、中级工、工人总数、取证人员、全员总数等)可以看出,企业人员素质整体情况还有进一步提升的空间。

从管理人员素质看,2018—2023年,受评企业在管理人员素质指标下的年度平均得分率分别为89.4%、93.5%、94.7%、96.7%、

96.7%、97.3%(见图4-6),呈上升态势,反映出煤炭企业管理人员素质较优。

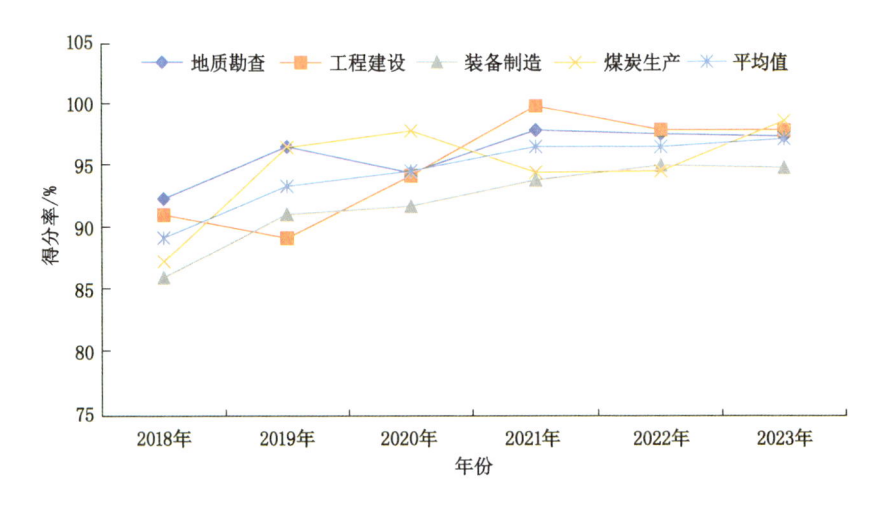

图4-6 2018—2023年受评企业管理人员素质指标得分率情况

从技术人员素质看,2018—2023年,受评企业在技术人员素质指标下的年度平均得分率分别为80.1%、78.1%、84.9%、85.3%、81.2%、84.8%(见图4-7)。其中,工程建设、装备制造企业技术人员占比相对较高,煤炭生产企业由于劳动密集程度高、用工量大的特点,技术人员素质相对较低。总体来看,煤炭各类企业在该项的得分率都不高,更加表明行业技术人员素质水平不高和结构性短缺的严重性。

职称人员素质重点反映了专业技术人员的专业技术水平、工作能力以及成就。2018—2023年,受评企业在职称人员素质指标下的年度平均得分率分别为84.8%、74.5%、86.6%、87.2%、86.0%、84.6%(见图4-8)。其中,建设工程和地质勘查企业平均得分率相对较高,而煤炭生产和装备制造企业相对较低。

在员工培训方面,受评企业都能有序开展业务培训及各类人才培养培育,采用各种方式对员工进行有目的、有计划的培养。2018—

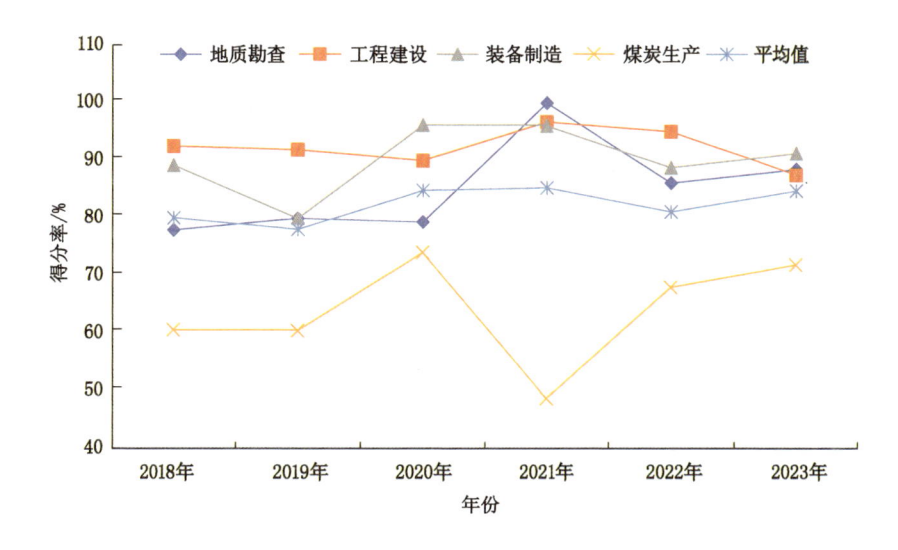

图 4-7　2018—2023 年受评企业技术人员素质指标得分率情况

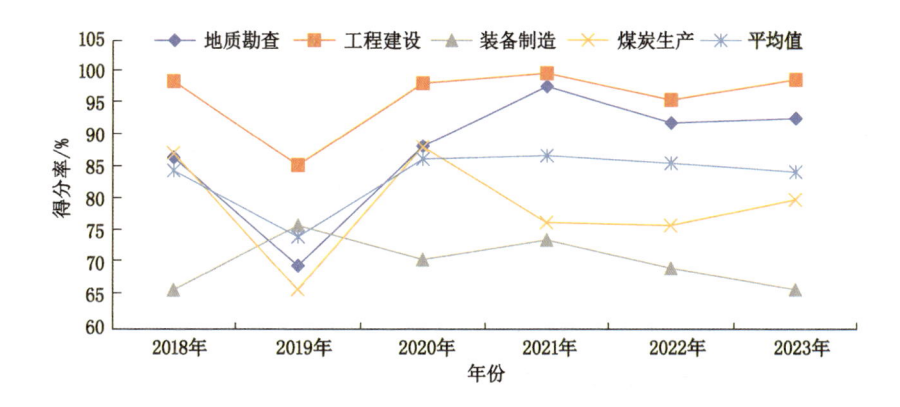

图 4-8　2018—2023 年受评企业职称人员素质指标得分率情况

2023年,受评企业在员工培训指标下的年度平均得分率分别为97.8%、98.5%、94.7%、93.3%、93.2%、94%(见图4-9)。总体反映出受评企业重视培训工作,各项培训工作流程严格、记录齐全,但问题的关键表现为三个"不够",即对培训效果评价评估不够,对中高层管理人员培训不够,以及培训的针对性、实效性和可操作性不够。

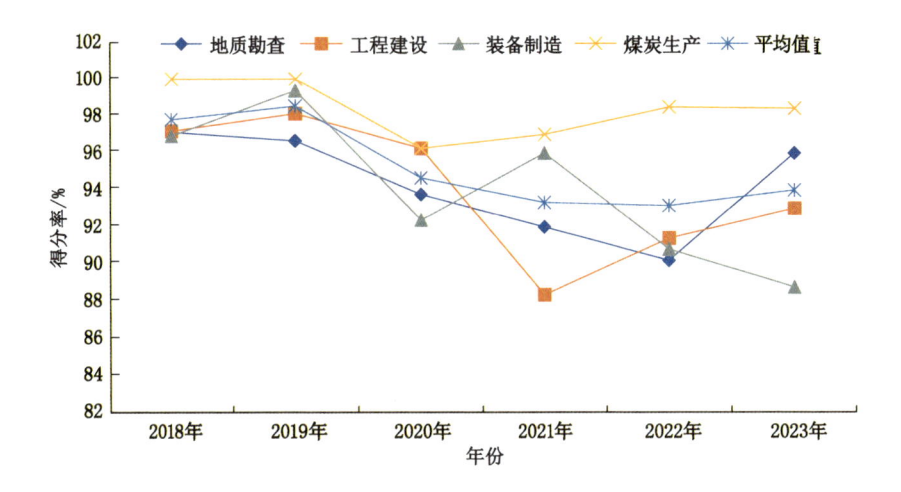

图 4-9　2018—2023 年受评企业员工培训指标得分率情况

职工绩效考核是评定员工的工作任务完成情况、工作职责履行程度和发展情况，并且将评定结果反馈给员工的过程。从绩效考核看，2018—2023 年，受评企业在该项的平均得分率均超过 98%，反映出受评企业基本都建立了符合企业实际的绩效考核办法，能有效把员工聘用、职务升降、培训发展与劳动薪酬相结合，使得企业激励机制得到充分运用。但在绩效考核过程中，有的受评企业未能把对组织和对个人的绩效进行准确识别和有效区分；有的企业部分中层和基层员工对绩效目标的设定、绩效要求的达成、绩效的改进等表现为不了解、不关心，自主能动性不能充分调动；有的企业绩效考核制订的计划、执行、检查、处理的 PDCA 循环管理还有待加强。

(6) 安全生产有待进一步加强。安全生产主要是指建立安全生产目标责任制度，并与所属部门或外委单位签订安全生产责任书，目标明确，措施有力，实现安全生产。当前，安全诚信标准更高、要求更严，按国家有关要求，煤矿企业必须要建立安全生产诚信体系，健全安全生产准入和退出信用审核机制。对发生较大以上安全生产事故的，即被列入安全生产黑名单。

2018—2023年,受评企业在安全生产指标下的年度平均得分率分别为97.5%、98.9%、97.8%、99.2%、99.7%、98.6%(见图4-10)。平均得分率均超过95%,表明企业积极落实安全生产主体责任,千方百计控制伤亡事故,安全生产情况总体良好,但仍存在企业安全管理制度和责任落实不到位问题,职工职业健康水平仍未得到重视,千人职业病发病率、千万元产值重伤率、千人轻伤率等指标未得到有效控制。

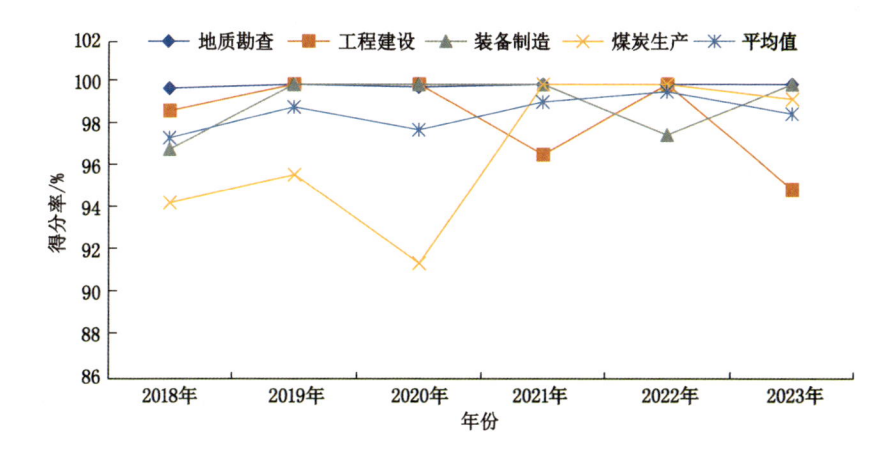

图4-10 2018—2023年受评企业安全生产指标得分率情况

(7)客户管理水平需要提升。客户管理是企业为提高核心竞争力,利用相应的信息技术以及互联网技术协调企业与顾客间在销售、营销和服务上的交互,从而提升其管理效率,向客户提供创新式的个性化的客户交互和服务的过程,其最终目标是吸引新客户、保留老客户以及将已有客户转为忠实客户,增加市场。

2018—2023年,受评企业在客户管理指标下的年度平均得分率分别为92.3%、94.8%、87.5%、87.2%、87.9%、94.3%(见图4-11)。总体来看,煤炭生产企业客户管理相对较好,工程建设和地质勘查企业的平均得分率不足90%。存在问题主要是：一是大部分企业未能很好地开展客户管理，没有科学有效的客户管理制度和客户档案记录；二是有的企业仅有客户列表，对客户基本信息、需求信息、信用信息、合同等不能做到规范管理和科学记录，不能做到一客一档、动态管理。

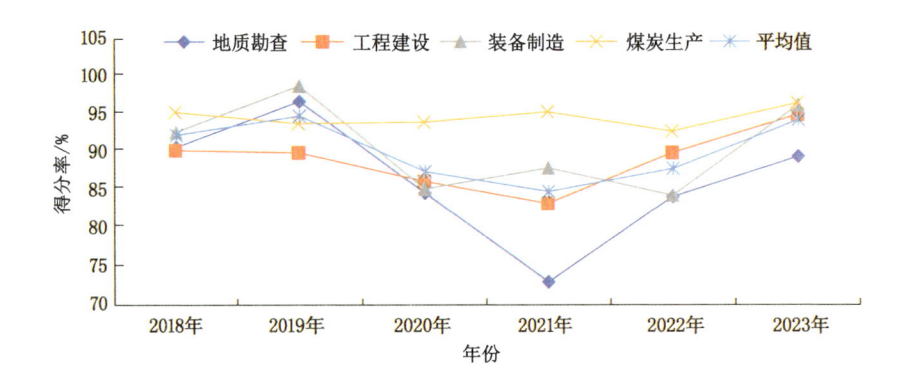

图4-11　2018—2023年受评企业客户管理指标得分率情况

客户满意度是客户对于产品（服务）同自己以往的经历再加上自己周围对于该产品（服务）的口碑，构成了客户对于产品（服务）的期望值。主要表现为：客户对于产品（服务）的期望值与企业管理层对于客户期望值的认知之间的差距；企业对于客户所做出的产品（服务）承诺与企业实际为客户所提供的产品（服务）质量的差距；企业对客户产品（服务）质量标准的要求和企业实际为客户所提供的产品（服务）质量之间的差距；企业管理层对于客户期望值的认知与企业对客户产品（服务）质量标准之间的差距；客户对于企业所提供的产品（服务）感受与客户自己对于产品（服务）的期望值之间的差距。

2018—2023年，受评企业在客户满意度指标下的年度平均得分率分别为92.8%、88.3%、85.1%、84.0%、81.7%、86.5%（见图4-12），表明受评企业在客户满意度调查方面不仅没有提升，反而与客户要求的差距拉大了。主要问题是：一是部分企业把客户满意度调查的内容当作客户满意度调查制度，内容设置过于简单，流于形式；二是部分企业采用调查表或询证函等形式开展客户满意度调查，但未进行系统分析和总结改进；三是有的企业没有针对不同产品和服务类型进行有针对性的调查设计和调查分析。有些企业仅仅是为了按有关评审和认证要求进行客户满意度调查，调查内容与制度要求有出入。

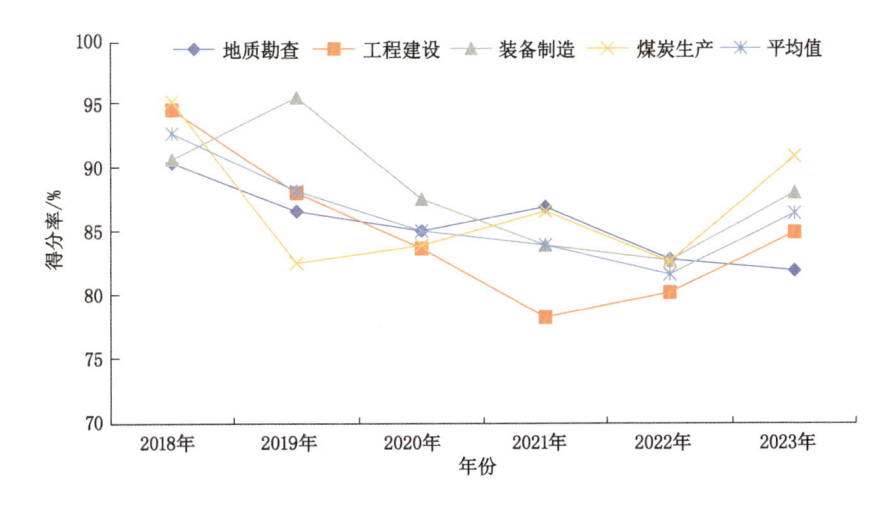

图 4-12　2018—2023 年受评企业客户满意度指标得分率情况

（8）企业文化建设需要加强。企业文化是在一定的条件下，企业生产经营和管理活动中所创造的具有企业特色的精神财富和物质形态，是企业参与国际市场竞争的管理基础。企业文化是以企业家精神为主导，以群体意识为主体，被企业成员广泛认同有效，自发形成并共同遵守的核心价值观、企业理念、企业精神和行为准则规范。

2018—2023 年，受评企业在企业文化建设指标下的年度平均得分率分别为 93.2％、93.6％、89.9％、91.7％、90.2％、90.6％（见图 4-13）。总体看，受评企业大都有自己的企业文化，并制定有企业文化发展规划、纲要、制度、文化手册等。但存在的问题主要有：一是部分企业将企业宣传册当作文化手册,没有制定文化发展规划;二是部分企业对开展文化活动的相关方案、活动总结以及活动效果评价未进行完整的记录和分析;三是部分企业文化未结合企业价值观和员工特点制定和开展,员工认同度和参与度不高。

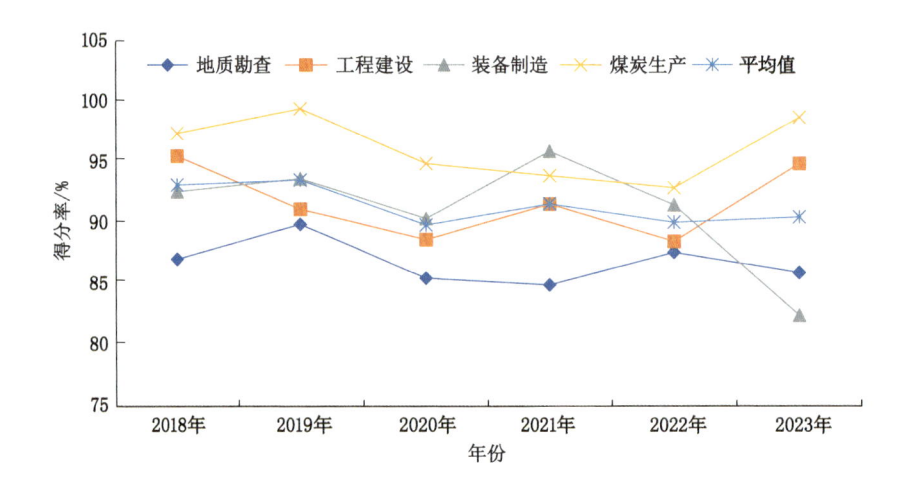

图 4-13　2018—2023 年受评企业文化建设指标得分率情况

(9) 信用组织体系仍不健全。信用管理的主要职能包括识别风险、评估风险、分析风险,并在此基础上有效地控制风险,并用经济、合理的方法综合性地处理风险。企业推进信用体系建设,加强信用管理,需要有较为完整的信用管理组织体系,并有职能部门和相关人员开展此项工作。2018—2023 年,受评企业在信用管理部门指标下的年度平均得分率分别是 93.9%、95.6%、92.2%、89.2%、88.6%、87.7%(见图 4-14),在信用管理人员指标下的年度平均得分率分别为 94.3%、96.8%、93.8%、90.4%、96.3%、87.1%(见图 4-15)。总体来看,受评企业信用组织体系还不完备,信用管理制度尚不健全,信用工作职能分工还不清晰,专职信用管理人员严重匮乏。

(10) 党建工作需全面强化。党建工作是指党为保持自己的性质

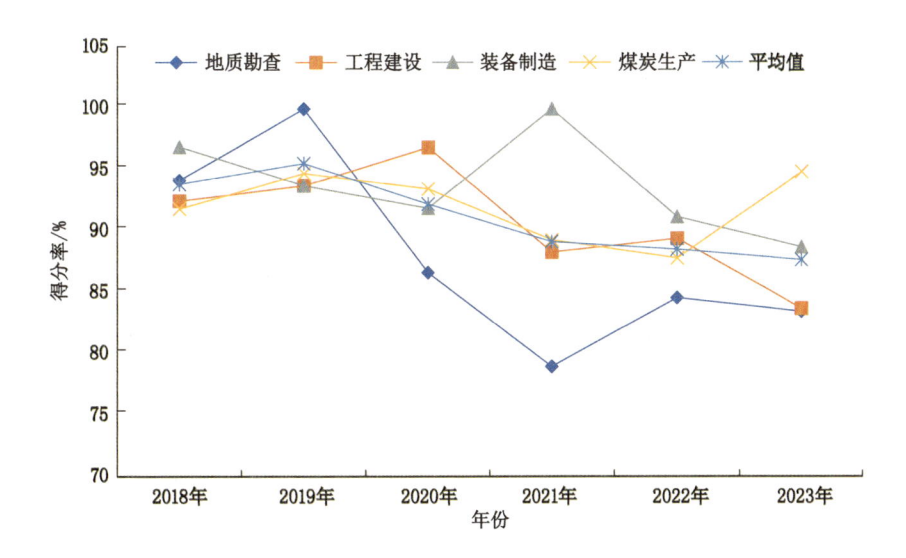

图 4-14　2018—2023 年受评企业信用管理部门指标得分率情况

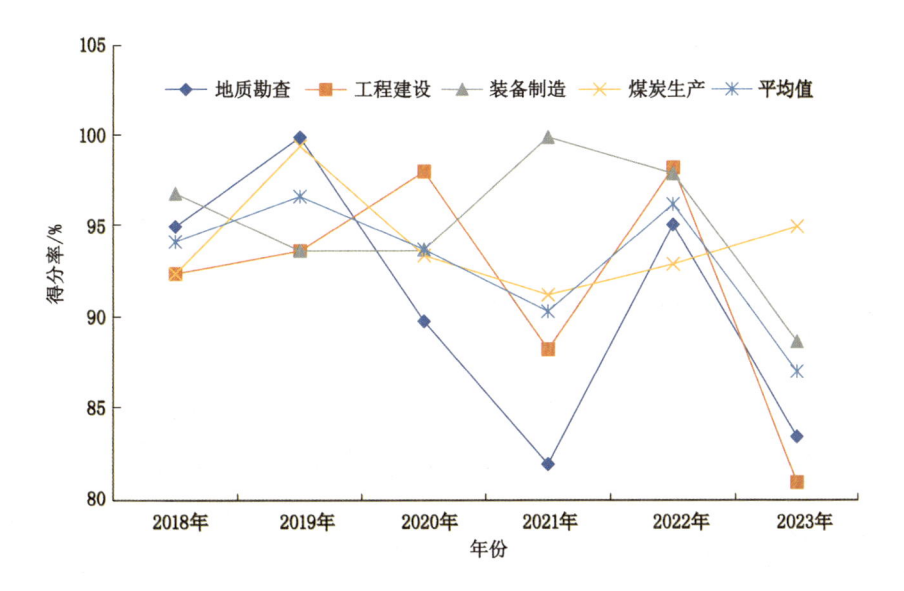

图 4-15　2018—2023 年受评企业信用管理人员指标得分率情况

而从事的一系列自我完善的活动,不仅包括党务工作,还包括党的政治建设、思想建设、组织建设、作风建设、纪律建设和制度建设等。2018—2023年,受评企业在党建工作指标下的年度平均得分率分别为93.0%、89.9%、89.8%、89.8%、89.1%、88.3%(见图4-16),均在90%左右。企业党建工作存在的主要问题是支部记录不规范,部分企业支部未按要求开展支部活动,党员流动过程记录不完整等。

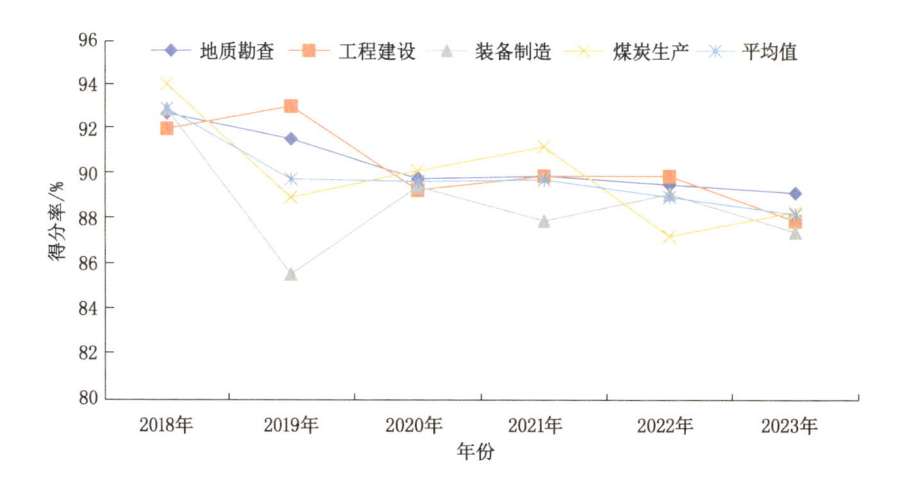

图4-16 2018—2023年受评企业党建工作指标得分率情况

4.2 提升企业信用管理水平的建议

市场经济越发展,市场经济主体对信用的需求就越强烈。企业信用体系建设是项系统工程,既需要以政府为主导的顶层设计和有效监管,又需要社会组织和科研院所等单位的积极引导和广泛参与,更重要的是市场主体的自律行为和主动作为。当前,煤炭行业信用建设虽取得一定进展,但行业信用理念尚未全面建立,信用制度还不健全,煤炭行业信用各环节的失信行为相互交织,距离打造诚信、自律、守信、互信的行业信用环境还有一定距离。深入推进煤炭行业信用建设,大力改善煤炭行业的发展生态刻不容缓。

4.2.1 加强诚信宣传教育

积极发挥诚信宣传和教育培训作用,不断促进现代企业治理水平提升。一要加强宣传,开展诚信主题活动,充分发挥企业各类媒体的宣传引导作用,加大对诚信典型和失信案例的宣传力度,普及信用知识,使诚实守信成为企业的自觉追求和品牌形象。二要加强教育培训力度,在各级各类教育和培训中进一步充实信用内容,建立员工诚信档案,推动信用教育进厂矿、下基层、到一线。三要加强学习研讨,加大信用科学的学习研讨,积极探讨新的融资方式、新的交易模式以及新的信用服务产品的应用,有条件的企业应积极开展信用理论、信用管理、信用标准等方面研究。四要培养信用专业骨干力量,加强培养企业信用管理师,把信用人才队伍建设纳入企业人力资源发展规划,全面提高信用工作从业人员的能力、素质和管理水平,为信用体系建设提供人才储备和智力支撑,拓宽企业信用建设的路子。

4.2.2 加强信用制度建设

制度建设是企业信用体系建设的基础。一要进一步加强信用组织体系建设,按照政府指导、行业引领、集团总责、企业落实的原则,明确责任,统一规划,确保企业各层级信用工作有管理制度、有职能部门、有专人负责、有考核指标。二要抓好信用一把手工程。企业信用管理中责任最大也最关键的是企业主要负责人。他们要主动担当,依法治企,全面统筹,分步实施,重点关注与企业信用密切相关的安全生产、环境保护、工程建设、销售经营、信息公示、收付账款、服务投诉、风险管控等情况,持之以恒地抓好抓实。三要加强信用基础管理制度建设。要在信用风险、战略决策、安全诚信、科研、流程管控、客户信用档案、知识产权保护、应收账款管理、内部约束激励等方面健全管理制度,科学利用各种风险工具提升信用水平。

4.2.3 加强信用风险管控

2022年1月,国务院发布《国务院关于印发"十四五"市场监管现代化规划的通知》(国发〔2021〕30号),提出要根据企业信用等级确定差异化的监管措施。2022年1月,市场监督管理总局发布《市场监管总局关于推进企业信用风险分类管理 进一步提升监管效能的意见》(国市监信发〔2022〕6号),提出依法依规推进企业信用风险分类管理工作,力争3年全面实施企业分级分类监管。当前,信用风险分级管控已成为企业必须要完成的一项重要工作。煤炭企业要科学研判企业违法失信的风险程度,针对风险轻重缓急程度做好分级分类;要做好风险防范,果断采取规避、化解、转移和接受等措施推进全生命周期风险管控。对不同业务类型企业,要进一步明确企业信用风险分类标准,煤炭生产企业要时刻关注安全生产、环境保护、生产违规、销售经营和信息公示等内容。工程建设、地质勘查企业要重点关注工程质量、分包管理等。装备制造企业要重点加强质量管理、安全管理、客户管理,严格履行商业合同,杜绝虚假宣传等不正当竞争行为。科研型企业应当加强科研诚信建设,全面推行科研诚信承诺制,加强对科研活动全过程诚信审核,规范科研评审活动。对企业不同部门,要做好风险防范,基层部门要把好质量、安全等工作,中层部门要做好人才队伍建设、制度建设、科技创新、财务管控等工作,高层部门则要加强战略把控、文化建设和党建引领;要做好风险的改进评估工作,对查评出的问题制订整改计划。

4.2.4　加强对外交流合作

这是一个共享共赢的时代,任何一个组织、一家企业都不能在一个封闭的系统里独善其身。一要加强对外开放交流,总结经验,对标先进信用管理方法,补短板、强弱项,在全球化的浪潮中加强与上下游产业包容互动,不断降低企业的"熵增",进一步提升企业对外开放程度。二要加强客户管理,通过建立翔实的客户档案,加强客户概况分析、忠诚度分析、利润分析、性能分析、信用分析,时刻思考客户过得怎么样,如何取得客户的信任、实现与客户合作共赢、打造健康的客户关系等问题,根据分析找出共同点,不断发现客户的价值所在。三要进一步提升企业形象,培育信用品牌,不断扩大"朋友圈",增强企业信誉度和美誉度,依靠信用走向更远。

4.2.5　加强诚信文化建设

企业文化建设不是搞运动喊口号,是企业远景、企业使命、企业精神、企业理念、企业战略等科学性、艺术性、自发性的高度归纳总结。一要加强诚信文化认知认同。煤炭企业要通过文学艺术性、娱乐性、竞技体育性、福利性、思想性等形式广泛组织信用建设推进会、研讨会、知识竞赛等活动,丰富企业员工的精神生活,增强员工对企业的感情。二要加强诚信文化示范。要交流学习信用工作经验,积极培育信用体系建设示范单位,开展信用管理示范创建活动,探索信用体系建设推广的有效模式,及时总结可复制推广的做法和成功经验,发挥示范带动作用。三要加强诚信文化的自觉习惯。文化的养成内化于心、外化于行、固化于制,要进一步发扬崇尚诚信、践行诚信、弘扬诚信的良好风尚,加强行为规范、文化理念的自觉习惯养成,强化、确立员工的价值认同和主人翁意识。

4.2.6　加强信用信息管理

信用信息包括基础信息和能够反映信用信息主体信用的信息,是信用管理的基础,是解决信息不对称问题的关键。一要加强信用承诺。鼓励企业建立信用承诺制度,特别是在事前、事中、事后管理中,全面建立信用承诺制度。二要加强信用信息共享。逐步打通企业集团各层级间的信息壁垒和信息孤岛,建立信用信息互联互通和共享应用机制。三要加强信用信息基础管理工作。重点做好企业各类信息对称、分检、归类、归档、分析、判断、预报以及信息的存储、传输、保密、数据管理等工作。四要建立企业内部信用信息平台和沟通交流机制。充分挖掘和利用信用信息,发挥信用信息利用和服务作用,确保信用信息管理同加强企业自律、履行社会责任结合起来。

煤炭行业信用建设是一项艰巨而长期的任务,不可能一蹴而就。煤炭行业将始终坚持以习近平新时代中国特色社会主义思想为指引,提高认识,加强领导,坚定信心,携手共进,坚守为煤矿工人谋幸福的初心和为煤炭工业谋发展的使命,努力构建适应煤炭工业高质量发展要求的煤炭行业信用体系,切实让"信用煤炭"的发展成果更多、更公平地惠及广大煤炭干部职工。

第5章 煤炭企业信用建设典型实践案例

5.1 打造领先ESG体系助推企业诚信发展
——中国神华能源股份有限公司

中国神华能源股份有限公司(以下简称中国神华)以习近平新时代中国特色社会主义思想为指导,贯彻新发展理念,服务国家发展战略,探索建设领先环境、社会和公司治理(ESG)体系,积极融入新发展格局,全面履行中央企业经济、环境和社会责任,合规诚信经营,与利益相关方共创价值,实现企业履行职责使命、服务国家战略、提升诚信经营能力水平的新飞跃。

5.1.1 诚信体系建设情况

中国神华高度重视信用体系建设工作,加强顶层设计,将诚信理念融入日常管理,持续完善管理体制机制,推动企业实现可持续发展。

1. 涵育诚信价值理念

中国神华牢固树立质量立企、信誉为本的理念,大力加强信用企业、法治企业建设,利用多种形式开展全员覆盖的法治宣传工作。重点宣传习近平法治思想及民法典,组织举办全系统合规管理运行会议,强化各子(分)公司依法合规运行的法治意识,使依法合规、守法诚信成为全体员工的自觉行动和基本准则。

2. 建立规范治理结构

坚持依法治企,完善顶层制度体系设计,积极打造治理完善、管理规范、经营守信的法治上市公司。按照新公司法、沪港两地上市监管规则,积极推进章程修订,健全"三会"及董事会专门委员会、经理层制度建设,规范公司治理结构。制定《党委议事规则》《董事会议事规则》《决策事项清单》《合规管理规定》等规范性文件,明晰决策权限,充分利用管理信息化系统,搭建合规管控体系,优化决策流程,强化执行监督反馈,提升公司规范运行水平。

3. 营造诚信法治文化

编制印发中国神华《合规管理办法》《法治合规工作要点》,搭建合规管理专项负责与强化监督相结合的工作机制,为进一步形成合规闭环管理体系奠定基础。不断优化法律风险防范制度体系,分层分类开展合规风险识别和预警,以信息化手段提升合规管理实效。加大公司依法合规运行培训力度,提升依法合规运行水平,维护上市公司形象。制定普法规划,组织开展法治普惠活动。高质量完成国务院国有资产监督管理委员会合规子课题"对标一流——世界知名企业合规管理典型实践分析",编制完成《上市公司合规指引》,发放《诚信合规手册》,组织本部员工签署"岗位合规承诺书",培育浓厚的法治诚信文化氛围。

4. 强化诚信内控监督

中国神华贯彻落实国务院国有资产监督管理委员会《关于加强中央企业内部控制体系建设与监督工作的实施意见》并按公司要求健全内部控制体系,制定《内部控制管理规定》《全面风险管理规定》等制度,明确各有关方的职责和任务,加强内控风险管理与各项业务的全面融合,形成以风险为导向,包括风险评估与监控、日常监督和专项监督检查、年度内部控制评价等一体化闭环的内部控制体系。进一步扩大检查内控评价范围,分阶段开展覆盖所有经营单位的内部商业道德审计,披露审计结果及提升计划。

5.1.2 诚信建设实践情况

中国神华高度注重诚信责任实践,将诚信经营理念融入战略运营,助力企业实现高质量发展。

1. 打造领先责任体系

作为在沪港两地上市的 A+H 股公司,坚持创新驱动发展战略,持续推进高水平科技自立自强和管理创新,高度重视 ESG 工作,以一流 ESG 工作为抓手,积极履行经济、社会、环境责任,推动企业为社会赋能、为经济助力。一是建立了董事会决策、董事会专门委员会监管、管理层推进、专业工作组落实的 ESG 体系组织;二是编制了《"十四五"ESG 专项规划》,提出了 ESG 发展,明确了未来五年 ESG 战略、目标和方向;三是制定了覆盖全域 ESG 总体及专项管理办法,为确保 ESG 体系规范有效运行打下制度基础;四是针对监管要求和国际权威评级标准,梳理确立公司 ESG 指标体系,在此基础上,在央企系统率先开发建设管理信息系统,提升管理效能。

2. 落实保供稳价责任

中国神华努力发挥骨干能源央企的"稳定器"和"压舱石"作用,坚决扛牢保供政治责任,在以煤炭保能源安全、以煤电保电力安全中,严格落实安全责任制,强化人员、物资设备和技术保障,煤炭产业全力以赴稳产增产,稳价稳市合规履约,电力产业多发满发保障出力,运输产业多拉快跑挖潜增效,化工产业安全生产提质提效,加强产运销组织协调,全力确保煤炭稳产增产、机组应发尽发、电热供应安全稳定。中国神华坚决履行职责使命,为社会经济稳定运行和特殊时段居民正常生活提供可靠保障,坚决守护国家能源大动脉。

3. 科技推动环境保护

在环境管理制度建设方面,强化环境能源安全管理体系建设,完善决策部署、监督管理和组织实施三级管理体系,各子(分)公司和基层单位履职尽责,落实到位。在"智能矿山"建设方面,通过实施特大型矿井群资源协调开发技术,支撑了以神东千万吨矿井群为核心的安全高效亿吨级煤矿区的协调发展,实现了千万吨矿井群的规模化发展,为社会提供清洁优质煤炭资源的同时,积极打造生态矿区,走出了一条煤炭开采与生态环境协调治理的主动型绿色矿山之路。在"煤炭清洁转化"方面,推动传统煤电产业清洁化发展,实施实现煤电超低排放改造,做到了在发电领域"用煤和用气一样干净"。全部常规煤电机组实现了超低排放。煤化工板块通过加强科技投入、强化环节控制,对生产过程中水资源进行循环利用,实现了废水的近零排放,彻底颠覆了人们对煤化工企业废水排放多的传统认识。在"智能运输"建设方面,研发重载铁路 LTE(长期演进)网络系统,提高运输系统智能化水平,实现煤炭绿色运输。黄骅港务公司大力开展绿色节能项目,积极推进码头岸电工程建设。建设绿色高效数字化铁路港口,将 2 408 千米运煤专线打造成绿色走廊,实现修一条路,带动一方经济,绿化一方水土。在温室气体排放方面,推进统一碳排放管理体系,积极参加全国碳市场建设和运行;建成"15 万吨/年燃烧后 CO_2 捕集和封存全流程示范"国家重点工程,促进碳减排。开展绿色矿山建设,深化沉陷区综合治理和矿区土地复垦等工程,为减缓温室效应发挥碳汇的作用。

4. 管理业务更加规范

在采购管理方面,完善采购管理体系,制定中国神华采购管理办法,组织参加采购与物资管理体系宣传贯彻培训,在采购实施过程中宣传贯彻执行国家及集团采购管理制度。加强供应商信用体系建设,切实做好供应商失信行为管理,着力破解投标资格门槛高、合同签订时间长等问题,多为供应商创造平等参与的机会,持续优化采购领域营商环境。在财务金融方面,中国神华定期对信用状况进行评估和分析,发现问题及时采取措施进行整改。积极加强内部控制和风险管理,着力降低信用风险,连续8年获资本市场信用评价AAA级。在劳动用工方面,制定完善的公司人事管理办法、员工考勤与休假管理办法等相关制度,签订书面劳动合同,明确劳动义务和职责,并严格履行劳动合同约定,形成了和谐有序的劳动关系。严格遵守国家劳动保障法律法规,在相关规章制度中明确职工拥有的权利,依法维护职工劳动权益。在交流沟通方面,参与编制中国企业改革与发展研究会组织的国家标准《企业诚信管理体系 要求》(GB/T 31950—2023)、团体标准《全国诚信经营示范企业要求》(T/CERDS 6—2023)和《全国优秀诚信企业家要求》(T/CERDS 7—2023)及中电联组织的《涉电力领域市场主体失信行为认定规范》(T/CEC 20222064)的编制工作,强化诚信引领地位。为生态环境部提供煤炭能源央企诚信建设开展情况经验资料,在煤炭工业协会组织的煤炭行业信用体系建设工作会上做"加强信用体系创新 推动企业高质量发展"工作分享。签署"培育诚信经营、守信践诺标杆企业承诺书",进一步推动社会诚信体系建设高质量发展。

通过扎实开展诚信经营行动,中国神华履行诚信责任的综合表现突出,按中国企业会计准则计算,2022年每股社会贡献值为9.39元。公司治理经验被新华社、《中国证券报》等主流媒体广泛报道,相关工作得到国务院国有资产监督管理委员会、监管机构、资本市场的高度评价和充分肯定。入选央企ESG先锋50、首批中国ESG示范企业、央视总台"中国 ESG 上市公司先锋 100"、《财富》中国 ESG 影响力榜，上市公司 ESG 优秀案例、金紫荆奖、天马奖最佳投资者关系奖，年度"中国企业信用 500 强""中国上市公司信用 500 强"，电力行业信用体系建设示范企业，2023 年五星级诚信企业等。诚信经营发展实践荣获 2023 年度"中国企业改革与发展优秀成果"一等奖，进一步巩固了资本市场的良好形象，有效地提升了社会影响力。

5.2 以科技创新推进诚信建设的探索与实践——北京低碳清洁能源研究院

北京低碳清洁能源研究院(以下简称低碳院)成立于 2009 年，是国家能源投资集团有限责任公司(以下简称国家能源集团)直属研发机构。低碳院立足"科技研发排头兵、科研人才聚集地、战略新兴产业孵化器、科技成果转化生力军"定位，积极打造"诚信履责、可靠信赖"的企业形象，不断创新诚信履责工作思路，将诚信履责融入发展规划和科技运营管理的各个环节，推进科研诚信工作的全方位实施，全面提升低碳院信用形象。

5.2.1 主要措施

1. 健全完善体制机制，营造依规办事文化氛围

一是健全完善体制机制，构建良好创新生态环境。低碳院持续健全完善信用管理体制机制，明确企业管理部为信用工作归口管理部门，配备专门信用管理人员，为全面推进信用管理工作奠定坚实基础。制定印发《北京低碳清洁能源研究院信用管理办法》，明确低碳院新发展阶段信用工作的目标和重点任务，初步建立信用推进组织体系，形成了组织体系健全、管理协调到位、整体有序推进的工作机制。

二是落实依法依规治院,持续加强合规法治建设。① 扎实做好法律审核工作,确保经济合同、规章制度、涉法重大事项的法律审核率达到100%,高度重视法律审核质量;规范使用国家能源集团范本,持续优化低碳院自建合同范本库,从源头防范法律风险和信用风险;加强合同履行过程的监督,做好信用风险的事中控制。② 开展诚信合规管理。深入开展合规管理工作,组织实施"控股不控权"、打击假冒国企等经营合规问题专项治理;健全重点业务领域合规风险预控指引体系,明确经营管理红线、底线;将合规文化作为院文化建设的重要内容,积极培育合规理念,营造依规办事、按章操作的文化氛围,倡导依法合规、诚信经营的价值观,不断增强员工的合规意识和行为自觉。③ 积极推进普法宣传。制订2023年度普法合规培训工作计划,建立常态化培训机制;围绕知识产权管理、重大科研项目承接等重点领域开展普法工作,以普法保护创新成果,提高法律保护意识,以普法激发创新动力,激励员工自主创新,推进科技自立自强。

2. 强化诚信与科研深度融合,树立良好信用品质

一是加强科研诚信建设,优化创新工作环境。① 加强科研诚信建设。规范科研项目立项评审、过程管理、结题验收等全生命流程,依托技术委员会,设置好审查监管环节,加强对科研项目的指导和把关,保证科研项目的正常、顺利执行。制定印发《科研领域法律禁止性、强制性规范合规指引》,科学划定科研诚信红线,强化科研诚信的"红线"意识和"底线"思维,提高科研人员的诚信意识和责任意识。② 持续完善监督体系。建立科研不端行为处理机制,做好科研项目相关方的信用记录工作,记录结果做到公开、透明,让科研人员之间可以互相监督检查,明确信用记录与日常工作的关联性,敲响科研诚信警钟,通过自查和纪委督查相结合的方式,强化对科研活动和科研管理主要环节的日常监督。

二是促进成果转化进程,加强客户资信管理。① 多措并举推进成果转化。着力优化创新生态,促进原创成果转化,构建资本支撑的科技"研、产、用"一体化机制体系;促进成果内部孵化与直接应用,助力子(分)公司提质增效;有序扩大技术许可规模,保障集团整体利益最大化;重点突破技术作价入股,合资成立了中天华氢有限公司,打造集团氢能发展战略支点;持续向新材料公司供给技术,完成知识产权增资入股,力推公司上市。② 客户资信管理有序规范。及时研判、分析业务风险,建立科技成果转化技术许可客户信用台账,做好成果转化技术许可客户信用管理;严格按照合同规定条款履约,对项目进行全流程管控、全过程跟踪服务,确保项目守信守约。③ 沟通交流渠道拓宽见效。持续扩展科技成果转化生态圈,内部与集团内部兄弟单位建立深度合作关系,进一步打通技术创新、成果转化和产业化的全链条,从而实现"创造—转化—回报—再创造"的良性循环。

三是重视安全环保工作,开展职业健康管理。① 强化安全管理。推动安全生产标准化体系建设,编制完成安全生产标准化管理手册,初步创建具有科研特色的安全生产标准化体系,通过北京市昌平区应急管理局组织的专家现场评审;加强驻外试验平台安全监管,建立"低碳院＋属地"双重安全管理机制,推动驻外试验平台统一规划和合理调整。② 重视环境保护。强化生态环境保护合规全过程管理,加强环境监测和危险废物全过程管理。③ 推进职业健康管理。开展职业健康监护与职业危害检测管理工作,建立接害人员信息台账,制定职业健康体检项目,有序组织上岗前、在岗期间职业健康体检,实现工作场所职业病危害因素定期检测100％。

四是搭建采购监管体系,营造诚实守信营商环境。① 加强供应商管理。加强客户资信管理,通过采购代理信用信息排查、互联网、资质预审等方式加大对潜在供应商的信用调查,逐步建立供应商档案;

建立健全信息共享与信息发布机制,培育优秀的供应商群体,促进低碳院采购管理工作的健康发展,为供应商营造公平竞争的采购环境。② 规范采购行为。建立健全采购管理制度,在实现审批流程标准化、做到依法合规的同时,努力简化流程、提高效能;以100%集中、100%上网和100%公开为管控目标,坚持公平、公正、公开、高效原则开展采购管理工作,推进供应商守信教育,强化过程信用监管,切实维护物资与采购活动各参与方合法权益,营造了公平公正、诚实守信的营商环境。

五是建立应收款监控机制,严格落实民企清欠任务。① 建立应收款监控机制。建立健全财务管理制度体系,制定、修订制度4项,明确管理职责,进一步规范往来款项、借款、货币基金、资金结算等管理流程,规避资金风险,提高资金使用效益;强化业财联动,持续健全欠款清理长效机制,不断完善清理流程,实现定期跟踪、反馈;及时整理到期应付款项明细,为履行付款审批程序预留时间,以便提高清欠效率。② 落实民企清欠任务。严格执行应付款项科目的辅助核算内容填写,按照合同约定及验收单到期日录入维护,保证账实相符,不断强化民企清欠信息化数据管理水平;明确清欠投诉举报方式,及时有效回应中小企业诉求。全年未发生民企清欠纠纷,获得统计诚信单位荣誉称号,提升了低碳院信用形象。

六是畅通人才发展通道,切实保障员工合法权益。一是以"抢"的方式大力引进。坚持高层次人才和应届生两端发力,与顶尖高校建立"直推"绿色通道,提前锁定优秀生源。二是以"锻"的方式加快培养。科研骨干在重大项目上培养锻炼、脱颖而出。三是以"情"的方式提升服务。用心、用情、用力做好"毕业生的一张床"、申报共有产权房、职工落户、子女入学、健康小屋、体育比赛、取消打卡等群众实事,职工的获得感、幸福感有效提升;每周组织"学习日"活动,开辟"悦读拾光"读书区,提供免费咖啡,建设"学习型"研究院。

3. 加强诚信文化制度建设,倡导诚信文化理念

一是诚信文化制度建设情况。以强化制度建设为抓手,积极推进诚信文化制度建设,制定制度自检标准,组织开展制度自检与改进,进一步做实诚信文化制度"立改废"工作,逐步完善诚信文化制度体系,降低信用风险,树立良好的企业信用形象。

二是开展诚信文化宣传贯彻,营造诚信和谐社会氛围。积极组织实施"诚信宣传月"活动,开展法律法规、知识产权、招标采购、社会责任、健康管理等知识讲座,创新开展"弘扬科学家精神,奋勇建功新时代"活动,举办"携手低碳 筑梦未来"开放日活动,规范科研行为,营造良好的科技创新生态环境。加强"低碳清洁能源科普丛书"宣传,与清华大学等双一流高校联合开展"科普图书进校园、科技大讲堂"活动,分享前沿科技知识,宣传低碳院创新成果,促进大学生课外科普阅读,感受科技魅力,激发科创报国热情。有步骤、有重点地组织开展"诚信活动周"、"质量月"、"安全生产月"、"6·14"信用记录关爱日、"1·24"全国法制宣传日等公益活动,突出诚信主题,营造诚信和谐的社会氛围。

5.2.2 实施效果

一是科技支撑产业作用全面加强。费托合成催化剂在宁煤长周期应用,实现自主可控,打破市场垄断,形成竞争推进技术进步;4项核心技术装备入选国务院国有资产监督管理委员会、工业和信息化部、能源局的推荐目录,市场化应用前景广阔;建成国内最完备的煤化工企业烯烃聚合平台,建立了国内首个氢能压缩机长周期测试基地,验证了压缩机的运转可靠性,推动了"卡脖子"装备国产化进程。

二是战略性新兴产业培育能力初见成效。在煤化工催化剂产业上,开发的费托合成催化剂不断迭代升级,在确保国家油品战略安全

和国家能源集团整体利益最大化的前提下,实现技术许可费收入翻倍。在氢能产业上,加快培育已孵化的氢能装备公司,依托现有的技术和装备,加快建设国家能源集团氢能(低碳)研究中心,驱动氢能产业发展壮大。在储能产业上,依托新成立的科技成果转化公司,推动全钒液流电池、宽温储热材料的示范应用,实现储能系统跨尺度融合,加快构建以长时储能为支撑的新型电力系统。

三是科技成果价值创造能力显著提升。截至2023年年底,累计产生直接、间接效益超100亿元;科技扶贫助力乡村振兴成效显著,与山西潞安煤制油深化合作,已成为昌平区落实支援革命老区建设的重要载体,新材料公司为内蒙古宁城县提供的塑料大棚新型水罐成为科技扶贫助农的典范,开发了硅肥系列技术,推动实现生态增绿、农牧业增产增收、农民收入增加。

四是科技创新一体化优势日益显现。联合各家优势单位,协同打造国家战略科技力量,采用"低碳院+神东煤炭"两地共建模式,产出了地下水库群、矿区生态修复等一批重大科技成果,推动煤炭开采伴生水害向非常规水资源转变;构建了资本助力"研、产、用"的"一体化"体系,实现资本和科技创新的深度融合,加快培育已孵化的新材料公司,持续注入新材料相关技术。

5.3 现代煤炭企业财务金融信用风险管控——淮北矿业集团财务有限公司

2023年10月召开的中央金融工作会议强调,金融是国民经济的血脉,是国家核心竞争力的重要组成部分,并提出要加快建设金融强国,完善金融体制,优化金融服务,防范化解风险,坚定不移走中国特色金融发展之路,推动我国金融高质量发展,为中国式现代化全面推进强国建设、民族复兴伟业提供有力支撑。

5.3.1 背景

淮北矿业集团财务有限公司(以下简称财务公司)是国家金融监督管理总局安徽监管局批准成立的非银行金融机构,坚持"依托集团、服务集团"的战略定位和"稳健、精细、集约、高效"的经营方针,以创建"风险管控一流、运营质量一流"为目标,聚焦资金效率提升、金融服务优质。大力盘活被低效占用的金融资源,努力做好科技金融、绿色金融、普惠金融、养老金融、数字金融五篇大文章。由于金融市场的不稳定性和竞争激烈程度的加剧,金融机构面临着各种风险和挑战,部分金融机构的不良资产率较高,因此必须着力打造现代金融信用体系,疏通资金进入实体经济的渠道,为积极推进我国社会信用体系建设高质量发展和健全诚信建设长效机制贡献金融力量。

5.3.2 主要措施

1. 强化诚信合规体系顶层设计,完善内控机制

人无信不立,业无信不兴。财务公司始终坚持体系引领,建立健全合规治理体系框架,成立"合规管理提升行动领导小组",设立首席合规官,细化合规管理部门和风险合规管理委员会职责。严守诚信合规经营底线,不断提升合规管理水平,始终敬畏法律法规和监管政策,不断夯实内部控制和风险防范的基石,以合规诚信为高质量发展提供保障。

一是坚持"合规优先,制度先行"原则。按照"强法治、促合规、防风险"工作要求,不断健全合规管理制度体系,夯实诚信合规经营制度基础。财务公司《制度汇编》内容涵盖党建、公司治理、风险管理等九大类187项制度,汇集了各项监管规定和集团与公司管理要求。《内控与风险管理手册》梳理了公司所有重点业务流程,对主要风险点进行识别,并针对性制定风险防范措施,建立机制运行顺畅、诚信合规意识牢固、风险防控有效的诚信合规管理体系。同时,每年及时准确依据国家最新法律法规、行业监管及国有资产监管政策规定优化内部规章制度,填补重要领域和关键环节制度漏洞,实现合规制度全覆盖。

二是建立内控合规管理与监督机制。财务公司依据《银行保险机构公司治理准则》《商业银行内部控制指引》等,将党的领导融入公司治理各个环节,坚持和完善"双向进入、交叉任职"领导体制,严格遵守"三重一大"事项决策和前置事项清单,建立包括股东会、董事会、监事会、高级管理层等治理主体在内的公司治理架构,明确各治理主体的职责边界、履职要求,完善风险管控、制衡监督及激励约束机制,不断提升公司治理水平。合规与风险委员会统筹协调合规风险管理工作,研究解决合规管理重点难点问题,压实合规责任。财务公司以《内部控制与风险管理手册》为抓手,把内控制度学考与业务查审相结合,上线"法规学习"App,推动"违规就是风险、诚信就是价值"理念入脑入心。风险合规部实施内控合规风险一体化管理、深度融合,业务合规注重起点、内部控制着力过程、风险管理覆盖全面。协同监事会、集团审计和外部监管形成合力,增强管控质效,全年实现"零"风险事件目标。聚焦重点业务和关键环节,做实日常审计监督,重点开展公司治理、信贷、投资、资金等核心业务专项审计,加大审计成果高效运用,严格考核问责。

三是打造清廉诚信合规文化品牌。加强清廉诚信品牌建设,大力弘扬"廉洁从业,才能成就事业""清廉是幸福的基石"理念,不断融入监管清廉金融要求,丰富金融特色的"廉可寄财"品牌内涵。充分吸收集团"阳光廉韵淮矿"理念,使《"廉可寄财"清廉文化手册》做到寓教于行、寓教于心。强化诚信培训,外引内培并举,通过专家授课、专题讲座、研讨座谈、平台宣传贯彻等,对员工持续进行形式多样、内容丰富的诚信教育,旨在强化员工的诚信意识,牢固树立诚信理念,始终践行诚信规范。不断规范员工行为,建立员工诚信档案,对员工的信用状况进行定期查询,将诚信表现与员工的绩效考核、职务晋升等挂钩,让员工充分认识到诚信价值的所在,营造公平、公正、诚信的工作氛围。

2. 培育诚信理念,做好信用风险评估

诚实守信是企业赢得客户信任的根本。财务公司始终遵循诚信、合规、审慎的原则,严格遵循国家法律法规,确保信贷业务的健康发展。同时,财务公司不断完善内部风险管理体系,加强对信贷客户的信用监控,确保信贷资金的安全与稳健,为信贷客户提供优质的信贷服务,促进信贷市场的繁荣。

一是诚信助力公司稳健发展。财务公司不断加强客户诚信引导与教育工作,让客户树立良好信用记录能够更便捷、快速、高效获得信贷支持的理念。在开展日常业务中,该公司高度重视客户的信用情况,信用记录良好的客户具有更高的合作价值,良好的还款意愿可获得个性化的服务,让客户享受到诚信的金融价值。

二是诚信助力公司绿色转型金融。淮北涣城发电有限公司(以下简称涣城发电)作为财务公司信用记录良好的客户,始终保持密切的战略合作关系,高度重视自身信用建设,恪守"信用创造价值"的理念,获得合作商、政府及金融机构的普遍赞誉。基于涣城发电节能降碳和信用资质等情况,创新"碳指标挂钩贷"产品,以未来降低单位产值碳排放净额为挂钩指标,以信用方式为其提供融资服务。2023年6月28日,财务公司为涣城发电量身定制8 000万元"碳指标挂钩贷",年化利率为2.40%,低于同期1年期LPR115基点。该笔"碳指标挂钩贷"的成功落地,标志着财务公司诚信体系建设进入全新的阶段。

三是诚信助力公司履职尽责。在新时代背景下,财务公司通过诚信建设，不断提升业务发展，为集团提供金融服务的同时也取得了显著的经济效益、环境效益和社会效益。不断完善的信用评估体系，能够精准地识别优质客户，进而为成员单位提供差异化服务，提高财务公司资产质量，财务公司自开业以来无不良资产，以信用方式提供的信贷产品超过95%。财务公司在自身发展的同时，积极履行社会责任，为企业提供金融服务的过程中，积极探索向绿色金融、低碳经济等领域的投资和支持，推动企业实现绿色发展，助力企业树立良好的社会形象，赢得社会各界的信任和支持。

3. 盘活金融资源，诚信赋能管理

财务公司充分利用集团公司赋予的司库管理职能，坚持"降成本、降负债、调整债务结构"发展思路不动摇，充分利用集团公司优质商业信用，沟通协调金融机构，不断优化债务结构，合理匹配金融产品，实现降本增效。债务结构持续优化，财务费用不断下降，综合融资成本创历史新低，资产负债率降至15年来新低，无不良信用记录。

(1) 合理控制有息负债规模。坚持降本增效、量入为出原则，统筹集团本部与子公司、直接融资与间接融资、项目贷款与流动资金贷款、账户与存款等资源，与金融机构开展竞争性谈判，力争以最优条件获得最低成本融资。坚持高质量发展理念，动态优化月度融资计划，合理控制有息负债规模。年末全集团公司账面有息负债较年初下降60亿元。

(2) 优化结构降低融资成本。充分发挥集团公司生产经营形势好、现金流充足优势，持续优化有息负债的主体、品种、期限结构。一是偿还流动资金贷款，为项目贷款留下空间，全年流动资金贷款下降60.23亿元，项目贷款增长1.65亿元；二是还短借长，全年归还短期贷款58.55亿元，融入中长期贷款下降16.39亿元；三是还高借低，全年偿还利率高于4%以上贷款37.84亿元，当年融入资金成本为

3.36%,集团公司有息负债结构更趋合理。年末存量有息负债融资成本为2.98%,较年初下降58个基点。

(3) 切实保障项目建设资金。重点支持煤炭、化工、战新等"强链、延链、补链"项目建设,坚持"资金不落实、项目不开工"原则,科学评估项目投资额度、融资条件、建成后现金流等要素,加强同金融机构沟通协调,为企业和项目量身定制融资计划。年内完成雷鸣科化资源收储、临涣焦化碳酸二甲酯(DMC)、碳鑫乙醇、金岩高新等重点项目授信审批56亿元,为项目建设提供坚实的资金保障。

5.3.3 实施效果

通过持续推进诚信体系建设,建立诚信长效机制,促进财务公司风险管控、效益和效率的有机统一,推进集团公司金融板块发展行稳致远。引导金融机构为成员单位提供更优惠的信贷产品,为实现绿色低碳转型和更高质量发展提供金融支持。

2023年,财务公司模范遵守法律法规和社会公德、商业道德以及行业规则,及时足额纳税,连续多年被评为淮北市"纳税十强企业""A级信用纳税人"。

1. 经济效益

一是降低财务成本。财务公司2023年累计结算金额8 268.47亿元,同时持续实施减免让利政策,帮助成员单位解决资金支付问题,全年累计为成员单位节约财务费用1.31亿元,用专业和优质的金融服务赢得成员单位一致好评。

二是降低融资成本。财务公司2023年聚焦集团重点项目,提升金融服务能力,全年为成员单位发放多笔项目贷款,协助并参与组建银团3笔。持续优化债务结构,有效管控节约全集团财务费用,全年财务费用较计划下降2.40亿元。

2. 社会效益

一是盘活集团绿色资产。基于成员单位良好信用,为涣城发电提供"碳指标挂钩贷",有效帮助盘活集团碳配额资产,解决资金需求。为成员单位提供了一条低成本市场化减排的道路,充分发挥碳配额等在金融资本和实体经济之间的联通作用,通过金融资源配置以及价格杠杆引导实体经济绿色发展。

二是促进节能减排。我国提出"双碳"目标后,财务公司积极调查研究,推出"碳挂钩指标贷"产品,支持信贷客户进行绿色低碳转型。为涣城发电发放该笔贷款,预计全年将降低二氧化碳排放量 7.72 万吨,节约标准煤 3.50 万吨,有力地支持了高碳排企业绿色低碳转型,促进"双碳"政策在集团公司落地生根,对于推动高碳排企业绿色低碳转型具有重要意义。

三是健全诚信体系。财务公司一直将诚信作为企业的核心价值观,通过不断完善诚信体系,加强内部管理,传递诚信的价值观,树立良好的企业形象。将诚信情况纳入客户管理全流程中,健全诚信评价、诚信应用体系,制定有关诚信制度,能够有效规范企业的经济行为,显著降低公司可能遇到业务风险的概率。财务公司成立 10 年来,不良资产率始终为零,没有出现一起法律纠纷事件。未来,财务公司将继续坚持诚信为本的经营理念,不断创新服务模式,为集团公司和社会的发展做出更大的贡献。

5.4 诚信合规管理建设实践
——国能神东煤炭集团有限责任公司

国能神东煤炭集团有限责任公司(以下简称神东煤炭)是国家能源集团的骨干煤炭生产企业,于 1984 年开发建设,地处蒙、陕、晋三省区能源富集区,主要负责国家能源集团在神府东胜煤田骨干矿井和山西保德煤矿,以及配套项目的生产运营。神东煤炭公司高度重视诚信合规管理建设工作,构建了"公司—机关部门—基层单位"三级信用管理模式,加强日常信用修复、信用文化建设、农民工工资兑现、劳动用工管理、供应商诚信管理和诚信纳税等工作,不断夯实企业信用管理水平。

5.4.1 诚信合规管理建设举措

1. 建立健全诚信合规管理体制机制

一是完善诚信合规管理体系。按照《神东煤炭行业信用管理办法》规定,组织公司各部门和基层单位明确本单位诚信合规管理分管领导和工作人员,严格按要求开展诚信合规管理工作,并将其纳入组织绩效考核,确保诚信合规管理工作落到实处。同时,结合神东煤炭公司主业特点,初步形成公司企业信用管理体系,并坚持在法治下推进公司改革,在改革中完善法治体系,及时制定、修订相关制度,确保重大改革于法有据。持续优化"3＋N＋X"合规制度指引体系,打通业法融合、业规融合新路径,不断提升企业信用等级,为公司高质量发展提供支持。

二是加大诚信合规管理人员培训力度。神东煤炭公司采取内外结合的人才培养策略,不仅从外部引进专业人才,还开展诚信合规管理方面的业务培训,从现有管理人员中进行培养,提升诚信合规管理人员的素质。统筹推进律师和外聘法律顾问制度,充分发挥12名公司律师和常年法律顾问在依法治企中积极建言献策作用,提升他们的依法行权和履职能力。进一步完善法治队伍建设,坚持内部择优选拔、外部校园招聘的双重策略,将取得国家法律职业资格或具备法学背景的员工调整到法律合规工作岗位,提升法治队伍的专业水平和持证上岗率,充分发挥诚信合规人员科学决策参谋员、政策法规宣传员、法律把关"消防员"、矛盾纠纷化解调解员的作用,为公司高质量发展提供坚实的法治保障。

2. 加强安全环保领域诚信合规建设

一是全面落实安全生产责任制。全面传达习近平总书记关于安全生产的重要指示、国家安全生产重要决策部署、神东煤炭公司安全环保工作会议精神,每年将神东煤炭公司1号文件细化为具体落实措施。采用"岗位名称＋职责范围＋部门/岗位职责＋任务清单＋考核标准"的模式,编制详细的安全生产责任制,明确各岗位安全生产职责,并通过实施安全承诺、安全生产责任追究、安全红线管理、安全结构工资管理和全员安全积分管理等制度,确保安全生产责任全面落实。在"两节两会"保供保安全特殊时期,制定专项方案,向各矿井派驻13个安全包保工作组,定期参加安全办公会议,深入研究、解决安全管理问题。

二是全力打好污染防治攻坚战。神东煤炭公司依据法律法规、政策文件、证件批复要求,全面排查生态环境隐患,建立分级分类分责整治机制,有效防范和化解生态环境风险。同时,加强对公司煤矿及洗选厂等生产单位的污(废)水处理厂和燃煤锅炉等环保设施的运行管理,严格控制并达到了排矸场100%覆土和绿化率,减少对环境的影响。协同推进能耗"双控"与"双碳"目标的实现,推广永磁变频电机、太阳能洗浴和乏风余热利用、光伏发电等节能手段,采取生物锅炉、煤粉锅炉和矿井水高效利用等减排措施,使吨煤生产综合能耗降至2.83千克标准煤/吨,低于国家3.0千克标准煤/吨的先进值。

3. 不断强化产品质量控制策略

一是优化产品质量管控制度。在广泛征集各生产矿井、洗选中心以及相关单位和部门意见的基础上,修订完善了《神东煤炭集团煤质管理实施细则》,新增了保证产品质量的具体措施、矸石带煤管理、安设金属探测装置等内容,持续细化煤炭杂物管理的相关规定。此外,还制定了《神东煤炭集团综采工作面最低采高控制标准》,统一了现场管控和检查标准,全面提升产品质量。

二是加强产品生产环节管控。① 在采掘过程中坚持"向一厘米要热值"的目标,着力从降灰、控水、除杂等方面持续精准发力。首先,通过强化割岩工作面的采高及层位控制、综采工作面放煤的精细化管理、合理控制放煤步距,以及优化放煤方式等,最大化降低原煤含矸率;其次,加大各环节外水管控力度,完善排水系统,提前疏放上覆含水层的水,杜绝供排水管路以及设备"跑、冒、滴、漏"现象,减少外水影响。② 在选煤过程中优化各环节洗选参数,调整筛板布局和孔径,使浅槽满负荷运行。同时加强分级筛、弛张筛、浅槽、跳汰机等设备的检修保养管理,确保设备运行工况良好,保证正常情况下每日运行时间不少于18小时,最大限度提高原煤入选率。

三是强化日常检查考核力度。神东煤炭公司将13矿14井11座选煤厂划分为10条商品煤生产单元链,按照"五定"原则开展日常动态检查、专项检查和季度检查工作,月度综采工作面检查覆盖率达300%、掘进工作面检查覆盖率达200%、选煤厂检查覆盖率达300%。并根据检查结果、商品煤发热量和品种煤量完成情况,进行煤质业务考核和专项煤质考核,考核结果纳入组织绩效考核体系,确保煤炭生产的安全、高效和质量。

4. 持续规范失信惩戒管理

一是强化风险识别管控,建立合规监管机制。首先,神东煤炭公司细化采购监督工作,制定了采购全过程监督清单,将监督工作融入岗位职责和业务流程,提高监管效能。其次,结合合规管理体系建设和内控风险评价管控要求,加强招标采购领域风险管控,把合规管理和风险管控嵌入采购全过程、全流程、全周期中,确保采购活动每个阶段得到有效的风险控制。最后,通过不断地总结经验、拓展思路,研究建立招标采购领域围标、串标行为的识别防范与治理方法,注重把好采购标书编审关、采购程序合规关、追责问责关,强化和落实各环节的合规意识和采购人员的主体责任。

二是加强监管与考核,体现考核指挥棒的效果。全面落实国有资产监管和神东煤炭公司招标采购考核指标,建立了神东煤炭公司采购专项考核体系,并将考核指标和结果应用于公司经理层、各单位/部门领导班子成员和所有采购从业人员,按照"月度处罚、季度激励+处罚、年度综合评价"的考核方式,逐项分解采购指标,落实到各单位和具体责任人,做到每项指标有人管,每人有指标,奖优罚劣。

三是建立了健全的供应商监管体系。神东煤炭公司修订完善了《供应商管理办法》,对处置结果、认定标准和实施流程进行了优化。同时,加强对供应商履约过程的考核与绩效评估,建立了口头提醒、约谈、提示函、监管通报等监管措施,激励采购人发挥作用、体现责任担当,准确高效地惩处供应商失信行为,进一步发挥警示和震慑作用,为完善优化供应商信用监管体系提供有力保障。

四是强化合同管理,增加失信惩戒条款。为进一步加强合同管理,神东煤炭公司秉承国家相关法律法规和国家能源集团制度要求,对所有采购合同中的失信惩戒条款进行了精细化梳理和明确化界定,确保了失信行为的惩戒有充分的法律法规支撑,包括对失信行为的界定、惩罚措施等,进一步提升了失信惩戒的合规性和可操作性,有效维护了采购活动的公平、公正,保障了集团的利益。

5. 不断加强诚信合规文化建设

一是培育以"忠诚敬业"为重点的诚信文化。神东煤炭公司将诚信文化建设与企业文化建设相融合,将国家能源集团和公司的企业文化理念一起宣传和推进,强化员工对企业核心价值的认同。深入开展企业核心价值体系教育活动,用企业核心价值理念正确引导员工的价值取向,提升员工敬业尽责的职业责任感和社会责任感,提高工作效率和质量。

二是开展诚信文化建设主题实践活动。结合精神文明建设,持续开展了"我们的节日""我承诺 我接力"诚信文化主题实践活动,利用"文化实践基地"开展诚信文化教育活动,引导神东煤炭公司全体员工和党员干部积极参与诚信接力,并将个人追求与企业发展紧密结合,加强团队合作和组织凝聚力。神东煤炭公司以各矿处单位为主体,将道德实践融入岗位履职,组织开展安全梦想账单、班组梦想秀、安全擂台大PK、诚信积分体系、道德圆梦、自编自导自演"微电影"等系列行动,把道德实践教育与中国特色社会主义文化自信融合在一起,丰富了诚信文化建设的内涵。

三是营造诚信文化建设良好氛围。加强对干部职工的诚信宣传教育,运用多种宣传形式,组织各单位广泛开展诚信主题宣传教育活动,促使人人自觉参与、个个争当诚信标兵。同时加大对诚信建设和诚信典型人物的宣传力度,包括各类道德模范先进典型,通过"线上+线下"的方式,进一步强化对神东煤炭公司干部职工的诚信宣传教育,使诚信文化理念深入人心。通过他们的故事和行为,影响带动每一位干部职工,营造一个积极良好的氛围。

四是积极参与各类信用评级管理。神东煤炭公司于2022年进行了企业信用AAA等级的评定,2023年参与了商业信用中心组织的第四届最佳诚信企业案例评选、全国优秀诚信企业案例征集活动,并结合行业信用等级评价要求,组织开展相关日常工作,不断提升公司的信用管理水平,积极参与更高等级的信用评定工作,扩大企业信用的影响力,提升企业的信用形象。

5.4.2 取得的成果

1. 经营业绩显著提升

2023年度,神东煤炭公司的劳动生产率高达257.98万元/人,超出计划10.45万元/人;万吨工时率较目标值降低3.82%,综采饱和度为102.14%;商品煤的发热量为5 280千卡,超出计划值70千卡,增收2亿元。全年总产量、自产煤量、外购煤量、品种煤量和一体化出区量等各项指标均超额完成计划,为国家能源集团提供了超过1/4的煤炭产量和300多亿元的利润,连续三年在国家能源集团经营业绩考核中获得A级评价。

2. 诚信合规队伍更加健全

构建了"党建+队建"的工作模式,将诚信合规工作深入基层,精准指导,支持并引导27家单位从内部选调51名专业合规人员,使得合规队伍中具有法律背景的人员比例由40%提高至80%,显著增强了合规团队的专业性。

3. 诚信合规工作成果丰硕

神东煤炭公司诚信合规工作多次获表彰和肯定,先后获中国煤炭工业协会评定的"煤炭行业AAA级信用企业"、商业信用中心2023年"第四届最佳诚信企业案例"、中国企业改革研究会"2023年度诚信经营标杆单位",以及中国质量协会"全面质量管理40周年杰出推进单位"等荣誉称号。

5.5 诚信经营推动企业高质量发展创新实践
——陕西华电榆横煤电有限责任公司

陕西华电榆横煤电有限责任公司(以下简称榆横煤电公司)成立

于2007年3月,隶属于中国华电集团有限公司。近年来,榆横煤电公司坚持以习近平新时代中国特色社会主义思想为指引,全面落实新发展理念,始终坚持以诚信经营为立身之本、立业之本,坚持本质安全、高质高效、绿色循环的发展宗旨,努力践行高质量发展,积极推动地方经济发展,大力营造抱诚守真、信守不渝的文化氛围,切实增强全员诚信意识,进一步提升央企诚信良好形象,为建成榆林高端能源化工基地贡献"华电力量"。

5.5.1 软硬结合,推进企业诚信文化建设

1. 完善诚信顶层设计,完备诚信基础设施

榆横煤电公司为保证诚信建设持续发展,成立以党委书记、董事长为组长,副总经理、矿长为副组长,各分管领导、业务部门负责人为成员的工作专班,并设立办公室,对公司诚信体系建设全权负责。榆横煤电公司建立健全职工诚信管理办法,进而推动公司全体职工诚信文化建设常态化发展。通过在厂区主要位置张贴诚信文化宣传标语,将诚信文化建设纳入职工日常行为规范,在各分工会活动室打造诚信文化标识,定期组织诚信文化培训等形式,不断扩大公司诚信文化"硬件"建设;同时,利用公司微信公众号、公司宣传网站,以及开展诚信专题讲座等方式对公司诚信文化展开宣传,强化全体职工诚信做人、杜绝失信意识,树立职工"做标准人、上标准岗、做标准事、干标准活"目标,提高公司诚信文化"软件"实力。

2. 践行央企保供使命,保障煤炭稳定供应

严格落实党中央、国务院国有资产监督管理委员会及华电集团有限公司增产保供稳价工作部署,榆横煤电公司精准发力,综合施策,统筹推进煤炭增产保供工作,努力为国内经济平稳运行贡献"榆横力

量"。积极凝聚供应链上下游合力,全面夯实基础管理,强化风险隐患排查,通过优化产销衔接,充分发挥煤电路产业协同优势,重点打通生产、运输、接卸、储存、发电系统链条,充分发挥出国有企业在煤炭增产稳产过程中的"压舱石"作用。根据国家稳价保供相关政策和上级单位相关要求,近年来聚焦河南水灾、疫情区域等保供,有效发挥长期协议在煤炭供应中的"稳定器"作用,不断提升长期协议兑现率,带头抑制煤炭价格上涨,最大限度让利于下游企业,努力减轻其经营压力。持续深化"公转铁",畅通能源大循环,坚持在扩运增量上下功夫,及时提报请车需求,跟进协调运力,集中力量解决下游企业的燃"煤"之急,得到了业内的广泛好评,2021 年、2022 年、2023 年连续兑现率均超100%,收到客户感谢信共计 27 封、锦旗 10 余面。

3. 倾情帮扶助农发展,科学施策振兴乡村

党的十八大以来,榆横煤电公司积极响应地方政府和上级公司安排部署,聚焦聚力,精准施策,深入帮扶村组,全面摸排实际情况,制定确实可行的帮扶措施,践行央企诚信使命,履行央企社会职责。2016—2023 年底,榆横煤电公司累计投入扶贫资金 2 050 万元,援建项目 44 项,定点扶贫村榆阳区大河塔镇杨会塔村于 2017 年全面脱贫。同时,榆横煤电公司参与的光伏扶贫项目及其他产业项目被榆林市电视台和陕西省电视台专题报道,在榆阳区人民政府官方网站头条刊登,扶贫事迹在全区范围内推广学习。2022 年,榆横煤电公司被榆阳区区委区政府授予"2021 年度巩固拓展脱贫攻坚成果同乡村振兴有效衔接社会帮扶工作先进企业"称号。2023 年,榆横煤电公司被榆林市巩固拓展脱贫攻坚成果同乡村振兴有效衔接工作领导小组授予"优秀帮扶企业"称号。榆横煤电公司多点发力,持续助力脱贫攻坚、振兴乡村战略发展,这正是其展现诚信风采、推动企业诚信建设、践行央企社会责任的重要展示。

5.5.2 上下齐心,深化企业"三违"行为教育

职工"三违"行为就是职工不诚信、违背安全作业承诺的直接表现形式,榆横煤电公司为进一步落实各级政府安全工作要求,加强职工守承诺、重诚信的工作管理,实行矿级、区队、班组三级管控,通过矿级检查、区队班组自查、员工互相监督方式,对查出的"三违"行为人员建立"三违"行为管理档案,进而开展统计、分析、处罚并制定相应管控措施,对职工不诚信、违背承诺的行为进行超前管理,切实强化职工诚信文化建设。

1. 开拓失信奖惩机制,树立诚信生产理念

榆横煤电公司对不诚信、违背安全作业承诺的职工进行帮教,通过诚信文化教育培训、安全事故案例学习,分析事故案例中的不安全行为及事故发生的原因,明确职工岗位职责。对不诚信、违背承诺发生"三违"行为的职工,在其上岗一周内,要求所在单位至少对其实施一次行为观察,做好观察记录,并由安全监察部组织管理人员对再上岗人员进行回访,填写回访意见。若回访评价意见中给出帮教效果不符合诚信文化要求,不符合安全作业规范,必须立即调整其工作岗位或将其调离工作岗位。通过对"三违"行为人员的帮教,让全体职工真正认识到不诚信、违背安全作业承诺的严重性和危害性,使其深刻认识到违章可能造成的严重后果,彻底扭转图方便省事的侥幸心理,进而遵守承诺,践行诚信文化。

2. 隐患排查深入基层,联动诚信神经末梢

2023 年 7 月 15 日夜班,榆横煤电公司小纪汗煤矿安全监察部安全检查员常某在井下 11221 工作面进行日常检查,在进入 11221 带式输送机机头检查时,发现运转队岗位工郭某在 11221 带式输送机机头

睡岗,违背诚信原则,未能有效的履行本职工作。在睡岗期间如果发生堆煤、胶带跑偏、有杂物造成胶带撕裂情况时,若不能及时停机防护,将给公司造成重大的经济损失,也给其自身的安全带来重大隐患。安全检查员常某本着严管严查、严管重罚的原则对运转队岗位工郭某现场进行了诚信文化方面的批评教育,并对其"三违"行为进行按规处罚。后期安全监察部还将对郭某进行"不安全行为人员"培训,以此降低"三违"行为发生的频次和提高员工对工作诚信的认知。榆横煤电公司切实以诚信教育为抓手,改变职工违背承诺行为,改变职工"三违"行为,真正做到全体职工上下一心,形成全员"讲诚信、重安全、保发展"的良好局面。

5.5.3 内外兼修,规范企业合同项目履约

1. 强化合同督导检查,公开透明审批流程

榆横煤电公司扎实打造诚信经营的良好形象,建立健全公司合同组织机构,分工明确,职责到位。计划经营部是公司的合同归口管理部门,对公司合同管理工作进行规范、指导、监督和检查。榆横煤电公司严格按照《中华人民共和国民法典》的有关规定并结合集团公司工作要求以及规章制度,修订合同管理制度和合同规范模板,合同谈判由经办部门牵头联合相关业务部门组成合同谈判小组,合同线上报批率为100%,法律审核率为100%。

2. 诚信合规按期履约,保障双方合法权益

榆横煤电公司切实履行诚信经营的承诺义务,重大合同的文本起草由承办部门会同合同归口管理部门、法律部门反复磋商确定,重大合同文本经集团专家库专家审核,保证了合同签订的合法、合规性。严格按照合同条款按时支付进度款,每半年进行一次合同履约评价,

实施合同管理的"统一平台、统一归口、统一流程、统一文本"。在合同履行过程中由经办人对合同进行实时监督,对合同履行过程中可能存在履约争议或者履约隐患的合同及时进行调整或者变更,保证签约双方的合法权益。截至目前,榆横煤电公司合同履约未发生重大争议。

5.5.4 点面同频,保障企业农民薪酬支付

榆横煤电公司为贯彻落实国务院《关于开展集中整治拖欠农民工工资问题专项行动的通知》要求,切实解决拖欠农民工工资问题,扎实树立公司诚信经营良好形象,迅速开展集中整治拖欠农民工工资问题专项行动。

1. 多措并举构建防范机制,树立诚信良好形象

榆横煤电公司成立集中整治拖欠农民工工资问题专项行动小组,主要负责落实上级部门和集团公司党组工作部署,指导公司系统专项行动的开展,协调解决工作过程中出现的问题,并对各单位专项行动开展情况进行监督。通过对标保障农民工工资支付条例的法定要求,建立健全常态化工作机制。按照"谁用工、谁治理,谁主管、谁负责"的原则,坚持"横向到边、纵向到底",全面排查、梳理公司农民工工资支付情况,从源头上预防和化解欠薪的风险隐患。榆横煤电公司建立重大欠薪案件应急处理机制,对重大欠薪案件和突发性事件及时启动应急预案,第一时间报告、第一时间调查、第一时间处理。对排查发现的风险隐患和欠薪线索,建立工作台账,列出任务清单,逐一制定清欠方案,明确整改措施、责任部门、责任人和整改时限,做到问题不解决不销账。

2. 畅通维权合法渠道,依法依规追责问责

榆横煤电公司积极向农民工宣传保障农民工工资法律法规和公

司防范化解欠薪问题的工作措施,畅通拖欠工资维权渠道,主动加强与属地主管部门沟通,主动回应社会关切,将农民工工资支付保障工作纳入企业负责人业绩考核的要求,建立、完善相关考核机制。榆横煤电公司坚持农民工欠薪问题零容忍,因组织工作不到位发生新增拖欠、引发群体性事件或极端事件及重大负面舆情的单位,将按照相关制度严肃考核,情节严重的实行"一票否决",并依法依规予以追责问责,切实维护公司诚信经营良好社会形象。

企无德不立,诚信是企业拓宽市场空间的资格证,是企业走遍天下的通行证,也是进入名牌行业的准入证。榆横煤电公司自践行诚信建设工作以来,切实履行央企职责,不断发挥诚信在企业中的引领效应、模范效应,切实从宏观和微观两方面入手,不断改变和提高企业及全体职工的新型精神面貌,进而持续助力榆横煤电的安全生产,持续扩大企业在高质量发展道路上的前进步伐。未来,榆横煤电将继续秉持诚信经营发展目标,继续履行诚信企业社会责任,彰显央企使命担当。

5.6 以煤质为抓手提升企业诚信"红利"
——国能包头能源有限责任公司

国能包头能源有限责任公司(以下简称包头能源公司)是集煤炭开采、煤炭洗选、煤炭产品储运与销售、运输、矿建、勘探与设计、建筑安装为一体的国有煤炭专业化生产企业。自1958年成立至今,生产煤炭2.5亿多吨,为国家经济建设和社会发展做出了重要贡献。2017年荣获全国"五一劳动奖状"。2023年,全公司实现商品煤外运量突破2 000万吨的销售佳绩。当前,该公司在增产保供的前提下,不忘加强煤质管控,始终坚守"质量是企业的生命线"基本原则,不断提升煤质管理水平。

5.6.1 案例背景

包头能源公司前身为包头矿务局,1958年6月1日正式成立,是国家"一五"计划期间156个重点项目之一包头钢铁公司的配套建设项目;1998年8月26日划归原神华集团;2011年12月7日,经中国神华批准,并完成工商注册,正式成立神华包头能源有限责任公司;2020年12月7日,神华包头能源有限责任公司更名为国能包头能源有限责任公司。公司拥有二级单位16家,共4个煤炭生产矿、1个在建煤矿(梅林庙煤矿)、1个煤炭洗选分公司,总生产能力为1 780万吨/年,在册职工3 900人。

5.6.2 主要措施

1. 顶层设计,强化煤质意识

包头能源公司是国家能源集团所属的一家老煤炭生产企业。在煤炭销售上,公司领导提出了"煤质是生命,煤质是效益"的口号,一改过去粗放自由的煤质意识,从靠天吃饭到向煤质要效益、向管理要效益。从高管层开始就把煤质摆在了一个重要位置,并在全公司树立全员煤质意识和多出煤、出好煤的生产理念。通过会议强调、现场督察、制度保障、煤质考核等多种形式,将煤质意识深入每一个员工的思想中。近年来,公司所属矿井经历了生产现场地质情况的不断变化和煤炭市场的淡旺交替,但无论外部市场和内部地质条件如何变化,公司始终绷紧煤质这根弦,抠住煤质这个"牛鼻子",确保了销售稳定。

2. 制度保障,细化煤质管理

为推动煤质管理的日常化,包头能源公司把整章建制作为头等大事,经过认真酝酿、反复讨论,先后修订出台了《包头能源有限责任公司煤质管理办法实施细则》《包头能源有限责任公司煤炭质量考核奖罚办法》《包头能源公司煤质检查处罚条例》《国能包头能源有限责任公司煤质管理及考核奖罚办法》等文件。从领导机构到执行部门,从井下到地面,从生产源头到存储装运,详细列清了相关责任部门和岗位的工作责任、考核指标和处罚措施,实现了煤质管理的全覆盖。为进一步明确煤质责任,从源头开始,公司将生产、洗选和装运领导班子成员的薪酬与煤质相挂钩,层层传递煤质责任,层层分解煤质指标,层层管控直到作业现场。在外购煤收购过程中重点打击玩忽职守的失职行为和弄虚作假的渎职行为,一经发现或接到反映,立即启动调查,现场核实,做出处理。

3. 科技创新,实现提质增效

包头能源公司本着"科技是第一生产力"的原则,积极考察调研新技术、新设备、新工艺,加强与科研院所合作,以科技创新为手段,提升洗选效率,提高经济效益。煤炭洗选分公司所属两个选煤厂利用弛张筛深度筛分+重介浅槽分选工艺,将原煤筛分下限从 50 mm 降到 6 mm,部分分选下限降到了 3 mm。李家壕选煤厂精煤回收率由原来的 33% 提高到 49%,综合回收率保持在 85% 左右,效益得到大幅度提升。韩家村选煤厂借鉴李家壕选煤厂的成功经验,经过技改后增加了神混 4 500 出区煤种,大幅度提高了经济效益。

4. 硬件投入,提升质检水平

当前,随着集团公司在煤质管理智能化建设工作方面的推进,要求煤炭采、制、化各环节逐步向智能化方面发展。目前,包头能源公司实现了外购煤、商品煤的智能化采样,正在建设智能化制样和化验系统,最终要实现人手不接触煤样,试验过程全部实现自动化,避免质量检验过程中人为干扰因素的存在。

5. 差异溯源,严抓环节管控

包头能源公司针对与港口和用户的质量检验差异开展溯源工作,定期组织煤炭生产和装车单位,以及自动采样系统厂家,以提高煤质检验精准度、减少与港口超差批次为目标,围绕煤质溯源工作出现的差异情况从采、制、化各环节进行原因分析,提出合理化建议和整改措施,并持续跟踪落实,有效控制和降低与港口和用户的超差率。

6. 捋顺流程,制定专项措施

包头能源公司在煤质检查过程中发现矿井和选煤厂在煤质管理方面存在质量信息传递滞后问题,生产加工过程中存在衔接、配合问题,及时制定整改措施和要求。如要求露天矿按照煤层样化验结果,对每日装车配煤指标进行测算,按照测算值制定配煤方案,保证拉运到选煤厂原煤质量稳定,尽量减少由于硫分指标波动引起的外运商品煤硫分超标事件的发生。要求矿井在特殊情况下制定专项煤质管控措施(工作面过断层、地质变化、过富水区等),与选煤厂形成联动,通过调整洗选参数和配煤方案,保证商品煤装车合格率。

7. 对接用户,避免质量纠纷

包头能源公司质检部门细化商品煤销售过程中的质量跟踪,及时做好与港口、用户质量数据的收集整理和对比分析,做到事前、事中控制。及时掌握生产单位煤质情况,在矿井过构造、遇断层,装车时碰雨天等情况下,把可能影响煤质周期、时间点预先告知电厂用户,及时传递和跟进质量信息,有效减少和化解了与用户的矛盾和分歧。同时,抓住时机组织生产适销对路和利润空间大的商品煤,实现效益最大化。

5.6.3 实施效果

一是韩家村选煤厂粘湿动力煤多级筛分与高效分选关键技术与

工艺系统研究,突破了重介浅槽分选粒度下限,实现了粘湿动力煤大规模提质加工,为动力煤分选提供了新的工艺方法,年均利润提高4.52亿元;该项目技术水平达到国际领先,该成果获得2021年度中国煤炭工业科技进步一等奖。

二是强化精装配煤管理,针对装车质量不稳定、配煤数量和质量难以保证等难题,煤炭洗选分公司开展精准配煤技术研究,开发了非线性多元优化动力配煤专家系统,使装车配煤平均灰分质量稳定率提高到80%,年节省经费3 000万元。发运区外神混系列煤种亏吨现象得以解决,年节省经费5 581万元,经济、社会和环境效益显著。

三是通过不断提升煤炭采、制、化人员技术水平,推进煤质检测智能化建设,将装车检验与港口、区内用户检验超差率由原来的14%控制在5%以内,检测结果高效、精准,有效减少了与用户的分歧和煤质纠纷事件的发生,赢得了良好的信誉口碑。

四是公司领导积极求变应变,及时解决水泉露天矿煤矸石常年积存导致的环保问题,与萨拉齐矸石电厂签订煤矸石购销合同,年均增收2 000万元,实现了效益最大化。

五是将煤质检查考评结果纳入公司组织绩效考核中,加强煤质预测预报与矿井过构造时期的煤质管控措施落地,从源头上促使生产单位提高煤质管理的重视度和自觉性。2024年一季度公司自产商品煤热值较2023年一季度提高了24千卡。

诚信经营是企业巩固市场的重要法宝。"重质量、守诚信"的经营理念,不论什么时代都是企业立足长远之道。在今天,供需双方结算都以热值计价,已经精确到以"卡"计算,但有一个前提原则,就是公平、公正。只有公平、公正,才能取得用户的信任与合作,才能实现合作共赢。"以质存、以信立、以誉兴",煤炭生产及销售企业永远要以质量为基础,将诚信经营内化为企业的品质,一如既往做到三个不变:一是"质量第一"的宗旨不变;二是"用户是上帝"的经营理念不变;三是坚持"以市场为导向"的思路不变。

5.7 "诚"人之"煤"、"燃"而有"信"的煤炭销售理念构建
——国能销售集团华东能源有限公司

国能销售集团华东能源有限公司(以下简称华东公司)隶属于国家能源集团所属的国能销售集团有限公司(以下简称销售集团),是国家能源集团最大的下水煤销售单位,自1999年成立以来,累计为华东区域输送煤炭资源超17亿吨,现负责江浙沪地区煤炭贸易,2021—2023年连续三年煤炭销售量超亿吨。

江浙沪地区是中国经济发展的最强劲引擎,在"能源消费革命"和"双碳"目标战略背景下,华东公司全面贯彻习近平新时代中国特色社会主义思想,践行"社会主义是干出来的"伟大号召,紧紧抓住煤炭基础能源属性,充分利用清洁低碳发展机遇,作为区域内"骨干"能源企业,充分发挥央企"国家队"作用,多方位、多层次、多渠道服务区域大型电力、冶金、化工用户,践行"为社会赋能 为经济助力"国家能源集团宗旨,坚持"知圆行方 法治国能"合规文化,积极搭建能源社会发展服务体系,坚定当好煤炭保供的"压舱石"、市场运行的"稳定器"。

5.7.1 主要措施

5.7.1.1 搭建诚信体系,保障企业合规经营行稳致远

一是夯实顶层设计,完善诚信合规管理体系。华东公司坚决贯彻落实全面依法治国和深化国有企业改革要求,以全面实现依法治理、合规运营为目标,制定合规管理方案。建立党委领导、董事会决策、合规管理委员会统筹、经理层推进的合规管理领导体系。

合规管理委员会由公司领导班子组成,组织领导和统筹协调合规管理工作,公司主要负责人为合规管理第一责任人,形成企业管理部牵头管理,各部门"大协同""大监督",明确重点领域、聚焦重点环节、把握重点岗位的合规管理工作机制。在合规管理总体框架下,华东公司严格执行上级公司信用管理制度,建立起以公司企业管理部牵头管理、各部门严格落实的信用管理体系,持续加强信用体系建设工作。

二是健全合规制度,筑牢诚信合规经营基础。华东公司始终坚持"合规优先,制度先行"原则,形成了内容完整、有效协同的制度体系。现行制度合计115项,内容涵盖公司治理、综合管理、业务内控、风险合规等方面。

公司定期开展制度立、改、废、宣工作,及时准确地将行业监管、国资监管政策规定及国家法律法规转化为内部规章制度,封堵重要领域和关键环节制度漏洞,填补新领域、新业态制度空白,实现合规制度全覆盖。在制度执行过程中,编制《内控授权管理手册》《合规管理细则》以明确业务合规权责分配,进一步根植合规理念,为高质量发展保驾护航。

三是强化管理机制,稳健诚信合规内控运行。华东公司落实上级公司内控风险体系架构和内控风险信息系统,建立了党委把关、董事会领导决策、经理层统筹执行、各部门协同发力的内部控制体系,各环节分工合理、职责明确、报告关系清晰。

公司统筹构建由业务主管部门、法律合规部门、审计纪检部门共同组成的合规管理"三道防线",全方位压实各级责任,着力推动诚信合规经营。全面落实经济合同、规章制度、重大决策百分百合法合规审查机制,将诚信经营要求内嵌入合法合规审查流程,有效规避诚信合规风险。持续完善整改提升和追责问责机制,建立合规承诺机制,引导全体员工自觉践行合规诚信要求。坚持"全面体检"与"分项检查"并重,按月开展重点业务自查,按季开展案件风险排查,按年开展全面合规风险自查、全面风险评估,针对风险隐患"早识别、早发现、早预警、早处置"及时整改,有效化解防范经营风险。

5.7.1.2 打造诚信文化,营造企业诚信兴商良好氛围

一是坚持党建引领,培育诚信合规文化。华东公司深入学习习近平新时代中国特色社会主义思想,贯彻党的二十大精神,弘扬"依法合规、诚信守约。一切行为始于合规,一切工作终于合规。以合规管理、合规控制创造价值,推进治理体系和治理能力现代化,建设法治国家能源"的集团公司合规文化,确立诚信经营理念,形成公司诚信文化体系。

发挥央企诚信榜样示范引领作用,诚信兴商,央企先行,积极营造诚信文化氛围。组织签署"诚信经营倡议书""合规承诺书",参加"信用电力"知识竞赛,结合季度法律合规专题活动持续开展上级公司《信用管理办法》《诚信合规手册》宣传贯彻,以微信公众号、展板展示等形式宣传商务诚信文化和信用管理知识,让诚实守信成为企业上下的共同理念与行为准则,将诚实守信纳入企业文化建设。

二是履行诚信承诺,自觉接受各方监督。华东公司大力营造诚实守信良好氛围,树立诚信文化理念、营造信用生态环境、提升企业综合竞争力,以弘扬诚信文化推动企业高质量发展。

积极参与上海市"守合同重信用"企业评选活动,通过专业机构对华东公司制度建设、财务管理、合同履约、信用管理等方面的全面评估,被评定为制度健全、财务管理规范、履约记录良好的优质诚信企业,连续10年被上海市合同信用促进会授予AAA级"守合同重信用"称号。

5.7.1.3 担当央企责任,推进企业诚信建设优良实践

一是坚决履行保供职责,发挥央企能源供应"压舱石"作用。华东

公司全力应对市场需求变化,发挥华东区域能源供应主力军作用,圆满完成"迎峰度夏""迎峰度冬""杭州亚运会保供""上海进博会保障"等重点任务。

公司坚决落实能源保供责任,抓实销、港、航三方协同,用好销售政策,一厂一策,精准发力,提前部署能源供应重点时期保供预案。通过配装高热值煤种、合理调度船舶、开通褐煤配送新模式和新通道、全力推动进口煤计划兑现等方式应对特殊任务时期高负荷要求,保障了电厂用煤安全和发电高负荷需求。在上海地区疫情封控期间,华东公司充分发挥能源保供"压舱石"作用,保障了特殊时期能源安全,国家能源集团收获上海市人民政府赠送的能源保供感谢信。

二是自觉维护市场秩序,承担煤炭产品质价"稳定器"作用。华东公司始终践行"为社会赋能 为经济助力"的国家能源集团宗旨,为市场持续输出高品质煤炭资源,维护煤炭市场秩序。

强化煤质技术服务,会同神东煤炭经销中心,北京低碳清洁能源研究院,销售集团煤质资源部、东胜办事处、黄骅办事处的煤质专家,对宝钢、华谊、万华、索普、南钢等区内重点用户常态开展煤质技术走访;协调电厂用户前往港口开展采、制、化技术交流。2023年为内外部用户提供技术服务20余次,煤炭质量管理水平持续提升。

主动承担能源物资保供稳价责任,推动构建"平等交易、正当获利、竞争有序"的市场环境,依法诚信披露企业相关信息,坚决反对和抵制操纵市场、内幕交易等不法行为。坚决落实国家发展和改革委员会煤炭中长期协议工作部署,保证内外部用户中长期协议供应。以煤炭保能源安全,持续推进自产原料煤、委托采购和外购原料煤销售,持续保持"一体化"运营高效顺畅。

三是全面促进协同创效,提供伙伴互惠共赢"源动力"作用。华东公司秉承国家能源集团"国家能源 责任动力"文化——"引领带动更高质量、更高水平、更可持续的能源领域合作,为伙伴互惠共赢提供动力"。创新销售管理,探索与区内用户的高效协同创效模式。

多方协同内部资源和贸易资源合理供应,一体提升能源保供能力。通过创新中转港装运方式,协助陈家港、宁海和舟山等电厂实现进口煤从无到有的突破;依托进口业务集中采购优势,开拓外部用户浙能、上电进口煤合作,拓展合作服务圈。2023年协同国家能源集团内部企业售电100.5亿千瓦时、航运发运900万吨,协同相关伙伴开展科研项目和光伏项目合作,配合疆煤出区,以销为链全方位促进协同创效。

积极协调上海市黄浦区政府取得产业扶持资金,返还资金2 370万元;协调上海市税务局,协助航运公司提前完成国家能源集团在沪13家企业接入国家税总"乐企平台",促进协同发展。

四是主动升级服务质量,担当用户依托信赖"贴心人"作用。华东公司牢记集团公司责任文化——"致力于提供更前沿的技术,更优质的能源和服务,为客户恒久信赖提供动力",维护并拓展"国能神华煤"品牌,建强"商品煤质量全生命周期管理"服务品牌。

在粉煤气化煤需求侧,积极协同产、销、研各方,为核心用户提供优质煤炭产品和专业技术服务。围绕煤炭清洁高效利用发展方向,争取在化工煤新品种开发、新型燃用技术应用等方面培育、挖掘新项目,深化与用户的全方位合作,打造供需合作的典范。如:积极收集新开发煤种神优3的动态信息,协调多方开展技术交流,组织试烧研究和用户服务,推进神优3煤在华谊航天炉工业应用,为粉煤气化炉煤炭保供奠定了基础。

在"双碳"节能减排大环境下,化工用煤占比逐步提升,气化炉对化工用煤煤质提出了更高的要求。为了不断提升质量管控水平和技术服务能力,积极探索通过事前预警,建立水煤浆化工用煤从矿区生产到港口卸车、用户装船、用户卸船和使用的全生命周期的煤质、灰成分、黏温曲线测定数据,开展上下游数据比对分析。通过与高校、科研院所及区域内化工用户合作,加强监测化工用煤渣口压差、喷嘴压差和气体成分变化情况,发现异常及时预警并进行生产调整。变事后溯源为事前预警和事中调节,最大限度减少用户损失。

五是积极响应"双碳"目标,发挥环境保护"排头兵"作用。华东公司积极响应国家能源集团关于"永续发展"的责任要求——"构建清洁低碳、安全高效的能源体系,为环境永续发展提供动力"。主动作为,担纲环境保护"排头兵"。

面对国家"双碳"目标,江浙沪"双减""去煤化"带来的市场压力,华东公司迅速调整结构,优化布局,坚决落实国家能源集团拓展原料煤市场战略定位,充分挖掘化工用户开机稳定、季节性波动小、价格敏感性低的优势,加大高热值优质原料煤炭销售,拓展化工冶金行业用煤占比,大力推动销售结构向原料煤倾斜。守牢既有客户群体,建立战略合作关系落实稳定供应,强化技术服务筑牢产品核心竞争力,推出针对性煤种提升用户吸引力。全面调研摸排销售区域内新增化工冶金项目,做好技术服务和合作谈判,拓展原料煤市场容量,向所属区域的"减排大考"交上了一份圆满答卷。

探索煤电联营新模式,2023年协同国能江苏公司、浙江公司所属售电公司向荣盛、万华等用户售电100.5亿千瓦时,预计为电厂增利3亿元,增加了国家能源集团总体收益。协同浙江公司与荣盛集团盛元化纤开展13兆瓦光伏项目合作,为"双碳"战略倡导的绿色、环保、低碳的生活方式做出贡献。

六是助力推进数字化转型,展现科技赋能"新先锋"作用。

华东公司落实国家能源集团RISE品牌战略行动要求和三年行动方案,立足"赋能全链的最佳伙伴"的品牌定位,推进公司数字化转型,丰富企业诚信建设实践。

助力销售集团重点打造"国能 e 商"供应链服务平台品牌,通过"国能 e 商"平台实现线上煤炭购销合同全流程履约及廉洁协议签订,使合同执行透明化、数字化,价格、质量和结算等单据网络化。内部采购单位通过"国能 e 商"询比价、集合竞价模块实现对国内贸易煤和进口煤的阳光采购。数字化手段的运用防控了廉洁风险,体现了公司诚信经营的理念。

加强与数字化运营配套的合规体系建设。更新完善配套制度,加强电子合同线上签订及履约全过程管理,定期梳理优化电商平台岗位功能和角色权限,确保线上审批流程设置与管理要求适配。

提升财务智慧运营和智慧管理效能。结合司库 2.0 系统优化结算流程,缩短结算时间,提升财务结算单据全流程线上管控能力;借助区域金融中心优势,深化与"国能 e 链"和内外部金融机构合作,探索多样化金融产品;与其他大客户平台币产品互联互通,提高资金支付和周转效率。

5.7.2 实施效果

华东公司销售业绩取得新突破。2021—2023 年,华东公司煤炭销量持续超亿吨,是销售集团唯一超亿吨销量的区域公司,2022 年全口径营业收入近 800 亿元,销量和收入均创历史新高,人均销量达 155 万吨,三年累计利税达 61 123 万元。

为促进区域经济社会稳定运行提供有力支撑,三年期间收到用户、政府部门感谢信、锦旗、牌匾等 74 次,被授予上海市"文明单位"称号,获得销售集团"社会主义是干出来的"先进集体荣誉称号。

推动煤炭清洁高效利用。华东公司继续推动销售结构向原料煤转型,2022 年销售原料煤同比增加 679 万吨,占外部销售的比例为

54%,同比提高25个百分点。2023年原料煤销售再次突破2 000万吨,2024年原料煤年度合同达2 152万吨,持续为区域生态文明建设做出贡献。

依法合规诚信经营。华东公司合规管理体系完备,制度体系健全,内控风险管理体系不断优化,合同诚信履约,经营20余年无法律纠纷、无安全事故发生。华东公司连续10年上榜黄浦区百强企业,连续10年荣膺上海市"守合同重信用"先进表彰。

5.8 四坚持五落实创新"信用龙华"品牌
——陕西煤业化工集团孙家岔龙华矿业有限公司

陕西煤业化工集团孙家岔龙华矿业有限公司(以下简称陕煤龙华矿业公司)位于陕西省神木市兰炭产业特色园区(燕家塔片区),是由陕西煤业化工集团有限责任公司和陕西龙华煤焦电集团有限责任公司共同出资设立的混合所有制企业,于2008年3月25日成立。现初步形成了以煤炭为主体,煤业科技和新能源为两翼,现代物流、现代服务、生态农业为支撑的"一体两翼三保障"的产业格局。截至2023年底,公司总资产135.25亿元,拥有固定员工2 010人。

5.8.1 坚持设立专门机构,筑牢信用管理基础

"诚信是企业发展的无形资产,是最具吸引力的名片"。陕煤龙华矿业公司高度重视企业诚信建设,设立企业管理部统筹推进信用管理工作,将信用管理融入企业管理与改革发展的全过程,把诚信当成重要的企业品牌来抓。经过多年努力探索,在多方面取得突破性进展,企业影响力和美誉度得到进一步提升。三次被授予"省级重合同守信用企业",荣获中国企业联合会"AAA信用企业"、中国煤炭工业协会

"AAA 信用企业"、榆林市"A 级信用煤矿"、国家税务总局神木市税务局"A 级纳税人"等称号,展示了新时代混合所有制企业高质量发展的"信"动力。

5.8.2 坚持积极履行社会责任,树立诚信品牌形象

陕煤龙华矿业公司坚守"造福员工"的初心,着力办好民生实事,推动民生福祉大幅度增进。先后三次为职工在神木市区修建住宅小区,2022 年启动孙家岔人才安居工程,努力让每一位职工在龙华实现安居梦,找到归属感。公司定期举办文艺汇演、职工运动会、演讲比赛等一系列文化娱乐活动,设立龙华艺术苑、职工书屋、全民健身馆。坚持每年举办"金秋助学"、困难职工帮扶、青年联谊等活动,向职工家属发放孝道金,职工有了更多的幸福感、获得感和安全感,以"龙华人"为荣的归属感逐渐增强。

5.8.3 坚持众守承诺,做诚信可靠的企业公民

"集众人之智,建百年龙华"。陕煤龙华矿业公司坚持并践行以进取者为本的"众"文化,倡导全员主动融入,自觉维护公司信誉和品牌形象,严格执行商业合同,按时结算合同款项,切实保障商业合作单位利益。2022 年,陕煤龙华矿业公司作为神木市能源保供企业,承担着 146 万吨煤炭保供任务。为确保任务如期兑现,该公司主动落实稳产保供源头责任,在确保安全前提下开足马力满负荷生产,充分发挥了能源"稳定器"和"压舱石"的作用。该公司"以进取者为本的'众'文化"在 2020—2021 年度全国优秀企业文化成果评选中,荣获全国企业文化优秀成果二等奖。

陕煤龙华矿业公司坚决将"诚信是口碑,质量就是脸面"作为公司的经营铁律,坚守安全、环保、成本与质量三条生命线。该公司高度关

注客户需求,杜绝夸大宣传,多途径收集、反馈客户意见和建议,及时改进产品不足,提供客户满意的煤炭产品,力争使服务有一个质的飞跃,用优质服务擦亮"龙华煤"品牌,以实打实的品质,赢得市场上的口碑。通过努力,该公司 2022 年被榆林市能源化工交易中心评为"线上交易优秀企业"。

5.8.4 坚持突出重点领域,强化落实信用工作责任

在安全生产方面:一是公司作为高危行业,坚持一切以诚信为基本原则,按章诚信作业、严格诚信监管,筑牢了煤炭生产的安全防线。二是始终把实现安全生产、保障职工生命安全当作对职工的最大承诺、对企业的最大负责、对社会和国家的最大诚信。三是持续深化公司"全国安全文化建设示范企业"建设经验,运用文化的方法和手段研究解决安全问题,以"软实力"滴水穿石之力,巩固好陕煤集团 38 对矿井中安全生产周期最长标杆示范。

在工程建设方面:一是聘用专职法务人员,围绕工程项目各关键环节,全面梳理排查各类风险。二是将市场主体信用信息和信用报告结果等作为投标人资格审查、评标、定标和合同签订的重要依据。三是法务专员全程参与公司招议标、商务谈判、合同审核及各项重大会议决策,同时在合同履行过程中出现的红线行为和拖欠务工人员工资等行为,将列入禁入名单并按合同约定进行责任追究。

在采购管理方面:一是成立了"专业结算代办"机制,由采购专员替供应商跑结算审批流程,破解了行业"要账难"的难题,用诚信的口碑,赢得供应商愿以更低的价格和扩大寄售物资种类与公司深度合作。二是建立了 ABCD 分级供应商准入和淘汰退出制度,从质量水平、合同履约、售后服务、价格水平四个方面进行考核,最终评定供应商信用等级,促进采购管理工作健康发展。

诚信纳税方面,在税务管理工作中,积极加强财务制度规范管理,自觉应用法律及职业道德规范来引导和约束自身的涉税行为,增强企业纳税意识,按时申报、缴纳税款。始终保持将诚信纳税作为体现企业信用最重要的表现形式,努力营造诚信纳税环境,树立公司良好的社会形象。

劳动用工方面,公司以"诚信是人才必备的硬杠杠"来践行诚信文化,要求每一位职工必须事事讲诚信。历年来,公司设立"龙华好人""诚实守信员工""最美龙华人"等优秀称号来鼓励职工讲诚信,并积极推荐职工参与市县级各类道德诚信评选,发挥先进模范带头作用,进一步营造诚信文化氛围。同时,公司严把招聘关口,要求每位应聘者提供个人征信报告,对有失信记录的应聘者不纳入招聘范围。在工作中,对有失信行为的职工,取消评优、评奖的资格。在两年一次的中基层岗位竞聘中,对失信职工实行一票否决制,严把选人育才诚信关。

近年来,陕煤龙华矿业公司始终把劳动关系和谐贯穿于企业各项工作中,倡导以发展促进和谐、以创新推动和谐、以公正求得和谐、以稳定保证和谐、以文化孕育和谐,着力打造"安全、高效、精细、绿色、创新、共享"的2.0版龙华,实现了维护职工合法权益和推进企业健康发展的"双赢"。

5.9 推进依法合规治企的探索与思考
——内蒙古智能煤炭有限责任公司

内蒙古智能煤炭有限责任公司(以下简称智能煤炭公司)成立于2008年,隶属于安徽省皖北煤电集团有限责任公司,是一家以从事煤炭开采和洗选业为主的企业。长期以来,该公司坚持以习近平法治思想为指导,突出党对依法合规治企和强化管理的领导,突出建设法治企业,突出强化企业管理,突出合规文化建设,持续推进公司治理体系和治理能力现代化。

5.9.1　原先合规管理存在的主要问题

1. 对合规认识不够,风险意识缺乏

对于合规管理缺乏主动性,决策层对开展合规工作不重视、不主动、不支持。合规管理工作存在"说起来重要,干起来次要,忙起来不要"的现象。

2. 机构设置混乱,合规管理职责不清

一是合规机构设置混乱,职能交叉混同。主要表现为未设置合规委员会,未明确合规管理负责人和合规管理牵头部门,未明确各业务部门和职能部门的合规管理职责和协同配合义务。二是合规管理职责不清,管理合力难以形成。各单位对合规管理职责没有清晰认知,对合规制度的完善、合规体系的构建、合规机制的运行、合规文化的塑造缺乏深入系统了解,对合规与风险管理、内控、法务、审计和纪检监察工作的区别及各自定位认识不清晰,导致合规管理职能弱化。

3. 管理重点不突出,合规管理效果不佳

未能结合实际情况,针对重点领域、重点环节、重点人员差异化地提出合规管理重点,防范合规风险,导致合规管理效果不尽如人意,进而影响合规管理推进效果。

5.9.2　高度重视加强合规管理体系建设的必要性

党的十八届四中全会制定了推进全面依法治国的顶层设计,党的十九大对新时代推进全面依法治国提出了新任务、新要求。2021年6月,中共中央、国务院转发的《中央宣传部、司法部关于开展法治宣传教育的第八个五年规划(2021—2025年)》中明确提出了深化依法治企,推动企业合规建设,防范法律风险,提升企业管理法治化水平。

作为国有企业落实全面依法治国的落脚点就是全面推进依法治企,提升合规管理能力。国家在宏观政策层面将企业合规管理的重要性提高到了前所未有的高度,合规管理也从企业治理层面上升到落实国家顶层设计要求。作为国有企业,承担着政治责任、经济责任和社会责任,必须在全面推进依法治企、提升合规管理能力中有作为、树形象、做表率,持续推进"法治国企"建设,促进依法合规运营。

5.9.3　合规体系建设中的一些做法

1. 以文化培育引导合规管理

在员工中倡导诚信、守法、正直的行为操守准则和道德价值观,采取各种形式,通过宣传、教育积极宣传贯彻"合规创造价值""合规是竞争力""合规才能发展"的理念,引导全体员工认识到合规管理的重要性,意识到合规是企业经营管理的"底线""红线",让合规的思想观念和意识渗透到员工的血液中,渗透到每个岗位,体现在每个业务操作环节中。积极培育合规文化,通过编写合规手册、签订合规承诺书等方式,强化全员安全、质量、诚信和廉洁等意识,树立依法合规、守法诚信的价值观,筑牢合规经营的思想基础,逐步在企业滋养合规管理、合规经营的文化氛围。

2. 以完善机构支撑合规管理

加强合规管理离不开强有力的领导组织机构。完善的组织机构体系、畅通的信息沟通渠道、有效的合规管理防线,能够形成合规管理合力,持续为企业创造价值。一是建立现代企业制度,进一步健全各司其职、各负其责、协调运转、有效制衡的国有企业法人治理结构,明确企业党委、董事会、监事会和经理层在合规管理中的职责。二是设立合规管理委员会,明确合规管理委员会负责人及主要职责。三是明确合规管理委员会的牵头部门及主要职责。四是界定各业务部门和职能部门的合规管理职责,理顺合规管理部门与具体业务部门的关系。

3. 以健全制度保障合规管理

合规制度是合规管理的制度保障。一是建立健全合规管理制度,包括制定全员普遍遵守的合规行为规范及重点领域的专项合规管理制度,外部合规要求转化为企业内部规章制度。二是建立合规风险识别预警机制,全面梳理、系统分析合规风险,并及时发布风险预警。三是建立合规委员统筹领导、合规管理负责人牵头、相关部门协同配合的重大风险处置机制。四是建立健全合规审查机制,明确合规审查的具体事项和程序要求。五是建立违规问责机制和举报核实机制,明确责任范围、细化处罚标准、畅通举报渠道、严肃问责追责。六是探索合规管理评估机制,通过对合规管理体系有效性的定期分析及重大合规风险的深入剖析,查找根源、完善制度、堵塞漏洞,加强过程管控,持续改进提升合规管理体系。七是建立一套完善的规章制度和操作流程,形成事事都有明确合规守法的工作标准,处处都有严格的合规经营纪律。

4. 以强化监督促进合规管理

在履行检查和监管职能时,各部门既要分工明确,又要密切配合,形成合力,促进企业合规体系建设。纪检监察部门通过效能监察、专项检查、党风廉政建设责任考核等发现违规问题;审计部门要通过年度审计、专项审计、经济责任(离任)审计、财务稽查发现运营问题;业务主管部门要对分管业务流程运作合规性进行监督检查。同时,合规管理部门创新和完善风险识别和评估体系,认真借鉴先进经验,积极运用信息化手段,建立风险评估机制,建立覆盖所有业务风险的监控、评估和预警系统,重视早期预警,提醒相关部门做好事前、事中预防和纠正。通过建立全方位、立体监督检查工作格局,对经营管理中的合规问题抓早、抓小。

5. 以加大惩处严肃合规管理

对违规违纪问题惩处不力,企业内部的执行力就差,企业合规管理就难以推行,所以企业内部必须建立清晰的责任制和问责制,以及相应的激励约束机制,形成所有员工理所当然要为其从事的职业和所在岗位负责任的氛围,充分体现企业倡导合规和惩处违规的价值观念。一是建立举报监督机制,为员工举报违规、违法行为提供必要的渠道和途径,并建立有效的举报保护和激励机制,对合规工作做得好或对举报、抵制违规有贡献者要给予保护、表扬和奖励。二是加大违规处罚力度,提高违规成本,对存在或隐瞒违规问题,给企业造成损失和负面影响的,严格追究各级管理者的责任。三是将惩处违规违纪问题与个人绩效奖考核兑现结合起来,使那些违规违纪者既受到严格的纪律惩处,又受到经济处罚,彰显制度的严肃性和惩戒作用,推进合规管理。

行业领先,法治先行;基业长青,合规护航。公司将坚定不移贯彻落实党中央和上级公司党委决策部署,坚定不移走中国特色社会主义法治道路,推动实现从被动合规向主动合规转变、从标准合规向过程合规转型、从运营合规向治理合规发展、从形式合规向本质合规跨越,以更加有力、有效的法治保障,助力和护航公司高质量发展。

5.10 安全诚信示范矿井创建
——安徽恒源煤电股份有限公司任楼煤矿

安徽恒源煤电股份有限公司任楼煤矿(以下简称任楼煤矿)隶属安徽省皖北煤电集团有限责任公司,是国家"八五"期间重点建设的国有大型现代化矿井,位于淮北市濉溪县南坪镇,核定生产能力为240万吨/年,是国家一级安全生产标准化矿井。近年来,任楼煤矿大力弘扬诚信文化,加强诚信体系建设,积极推进合规管理,打造"安全诚信经营,绿色低碳发展"诚信品牌,赋能企业高质量发展。

5.10.1 以信为本,打造诚信煤矿

民无信不立、业无信不兴。市场经济是信用经济、诚信经济。如果一个企业在生产经营过程中出现诚信问题,丢了自身的诚信价值那么也就等同于失去了企业价值,最终将在市场中消失。

1. 健全诚信体系,促进工作落实

为贯彻落实党中央、国务院关于社会信用体系建设的决策部署,推动任楼煤矿诚信体系建设,服务企业高质量发展,任楼煤矿围绕安全生产、经营管理、职工行为等方面,建设了以主要负责人为组长,其他班子成员为副组长,各单位党政负责人为成员的诚信管理体系。矿长每年签订"矿长安全承诺书",认真履行安全承诺,并制作公示牌板在副井井口进行公示,全体职工对承诺内容进行监督。围绕安全生产、经营管理、职工行为确立了企业核心价值观,形成了"忠诚、担当、规范、开放、情怀"的企业精神,"一心向党、心系职工,忠于企业、勇于担当,善于作为、严于律己"的干部政治要求,以及"不相信有完不成的任务、不相信有克服不了的困难、不相信有战胜不了的敌人"三个不相

信精神,使诚信文化得到升华和体现,并获得了广泛认可。

2. 深入开展制度建设,提升合规管理水平

为深入贯彻习近平法治思想,深化法治国企建设,全面落实《皖北煤电集团公司合规管理提升行动实施方案》(皖北煤电法务〔2023〕206号)要求,推动任楼煤矿合规管理体系建设。任楼煤矿实施了合规管理提升行动,制定了合规管理专门制度,健全了合规管理组织体系和工作机制,规范合规管理运行,防范和积极应对合规风险。成立合规管理提升行动领导小组,由党委书记、矿长任组长,把强化合规管理工作纳入年度重点工作统筹谋划、一体推进。领导小组下设办公室,分管合规副矿长兼任办公室主任,相关业务部室负责人为办公室成员,办公室设在经营管理部。按照合规管理的要求,配备与矿井规模和管理需求相适应的专业人员,招引法律、财务、管理、运营等方面人才,不断优化知识结构,提升能力水平,建立专业化、高素质的合规管理队伍。将合规管理与业务工作深度融合,对矿内"三重一大"事项进行重大事项合规审查,实现重大事项审查前置,切实发挥风险防范作用。

3. 弘扬诚信文化,推进诚信建设

任楼煤矿将诚信文化宣传贯彻作为学习的重要内容,成立宣讲小组,统筹谋划,精心部署。各党支部、部门充分发挥阵地建设在文化传播中的重要作用,大力推进诚信文化工作。通过宣传栏、电子屏、文化墙打造诚信文化宣传阵地,不断扩大影响力和覆盖面,营造了宣传贯彻的浓厚氛围,引导职工积极争当诚信文化的传播者、推动者、践行者,将职工思想意识、行为体现自觉转化为推动企业高质量发展的内生动力和后劲支撑。建立安全诚信档案,制定《任楼煤矿"员工诚信档案"管理考核办法》,提高员工对诚信档案的认识程度,以诚信档案规范员工的行为,实现员工的自我约束、自我管理,培育任楼特色的诚信

文化品牌。2023年对诚信积分前10名的员工,授予"诚信之星"称号,每人给予1 000元奖励。以安全礼仪强化安全诚信意识。严格按照点名→确认员工安全状态→诵员工训导词→班前讲评→安排工作任务和安全重点→安全誓词→集体入井的班前礼仪基本程序开好班前会,在严肃庄严的礼仪氛围中增强员工的安全责任意识和安全诚信意识。

4. 强化诚信建设实践,助力企业发展

对现代社会的企业来讲,诚信作为企业信誉的基石,是企业立身之本、兴业之道,是企业市场运行的重要纽带,同时,企业诚实守信的美誉会形成一种无形资产,成为现代市场经济运行中一种重要的资本。诚信是企业良好社会形象的内涵,为企业积累、创造财富。任楼煤矿大力加强诚信建设实践,助力企业高质量发展。

(1) 实施"三违"积分管理,促进安全发展。在煤矿生产中,安全不仅关系到员工的生命安全和身体健康,也直接影响到企业的经济效益和社会形象。"三违"不防、安全不强;"三违"不反、事故难免。任楼煤矿全面加大反"三违"力度,推动反"三违"向防"三违"转变,反防结合,规范按章作业行为。建立全员"三违"积分信息档案,实施"三违"公示制度,每月将管理人员反"三违"、违章人员积分情况在内网公示,未完成反"三违"指标的纳入绩效考核,积分情况实施黄、橙、红三级预警处置。对于列入安全预警的人员,所在区队跟班人员和跑面的安监员必须对其进行重点跟踪、关注、帮扶,对其作业行为进行有效管控。同时,建立正面激励机制,实行"三奖一返"政策,季度内,班组管理规范有序,安全生产任务完成较好,井下生产一线无轻伤及以上事故、井下辅助及地面生产无较严重及以上"三违"行为的,分别给予班队正职一次性绩效工资奖励。

(2) 实行管技人员记分制度,促进作风持续好转。秉承"认真只能把事情做对、用心才能把事情做好"的工作理念,用永远在路上的韧劲推进作风建设常态化、长效化,推动《集团公司持续深化"改办优"十五条举措全面推进优良作风建设的意见》在任楼煤矿落实落地,激励各级领导干部履职尽责、担当作为。成立四个督察组,采用地面、井下相结合的方式,持续开展作风建设督查活动,督查实行"日检查、周通报、月总结、季分析",久久为功推动作风建设横向到边、纵向到底。每月至少对两家职能单位开展专项督查,重点检查其职能作用的发挥和责任制的落实,着力提升职能单位指导、服务、监督、协调的职能。考核实行年度累计记分制度,年度内干部作风建设分达到 10 分,给予通报批评;达到 15 分,给予约谈;达到 20 分,给予行政警告;达到 25 分,给予行政降级(技术人员降低一个职级聘任)。2023 年,4 名管理人员被提醒谈话,2 人至党委组织部待岗,3 名基层单位党政负责人因不适宜担任现职调整岗位,2 人因问责延长试用期。

5. 履行社会责任,彰显企业担当

任楼煤矿在企业发展的同时,积极履行社会责任,造福一方百姓。2023 年购买扶贫蔬菜 4 130 千克,援疆坚果礼盒 1 500 盒,霍邱县邵岗乡稻米 7 000 千克,投资整修村民出行公路。2022 年 2 月,选派 1 名同志到霍邱县邵岗乡担任驻乡干部,定点帮扶"一乡三村"的乡村振兴工作,并取得较好成果。邵岗乡经济发展显著提升,三个村集体经济收入稳步增长。推进工会送温暖常态化、经常化、日常化,建立困难职工帮扶、送温暖关怀慰问、职工生活保障和职工医疗互助等服务项目。职工李鹏将工作之余的大部分时间都用于志愿服务等公益活动中,荣获安徽省"青年志愿者优秀个人"、"宿州好人"、埇桥区"十佳精神扶贫先进典型"、"红十字优秀志愿者",用善举谱写不平凡的辉煌人生。

6. 绿色低碳发展，共建美丽家园

任楼煤矿坚定"绿水青山就是金山银山"理念，将生态环保工作融入矿井生产经营发展大格局，把绿色矿山建设与安全生产摆在同等位置来抓，实现高质量发展与生态环境保护"齐步走"，构筑绿色生态空间，用生态之笔装点绿色美丽矿山，绘就低碳发展美好前程。2021年11月26日，矗立了29年的矸石山彻底销声匿迹。2019—2023年，投资新建的8个大棚陆续建成并投入使用，各类大棚建造成功，让露天的煤炭、矸石及材料有了安身之所，粉尘被成功'锁住'，矿区面貌焕然一新，过去"刮风带沙尘"的场景再也不见。任楼煤矿通过改建净化水厂、生活污水厂等矿井水复用工程，实现矿井水全部复用于生产、生活，达到零排放、变废为宝的目标。经过系列环保"革命"，各项环保任务清单已经基本完成，水、气、废、辐射、噪声、电耗等均得到有效治理。置身任楼煤矿，道路两旁绿树成荫、花团锦簇，入眼是满目翠绿，花香沁人心脾，抬眼望去，蓝色彩钢瓦搭建的棚顶和天空融为一体，连续四年获得安徽省"环保诚信企业"称号。

5.10.2 实施效果

诚信企业建设是一个长期持续的过程。任楼煤矿通过诚信企业体系建设，诚信理念逐步深入人心、诚信制度不断完善、安全管理水平不断提升、员工行为日趋规范，员工"三违"行为日益减少，矿井实现了安全生产五周年，截至3月4日安全生产2 135天。任楼煤矿抓住煤炭市场的有利机遇，通过大力实施诚信文化，坚持高质量发展之路，2023年经营考核收入12.7亿元，考核利润4.1亿元，员工工资持续增长。2023年培养31名"三支队伍"优秀人才：钻探区陆瑾获2022年度"安徽工匠""第七届安徽省技能大奖""全国煤炭工业劳动模范"称号；通防部李明获"第三届江淮杰出工匠"称号，享受省政府津贴；采煤预备区刘飞当选"第九批安徽省学术和技术带头人"。任楼煤矿先后荣获"全国特级安全高效矿井""全国安全文化建设示范企业""第六届省属企业文明单位"等光荣称号。在今后的工作中,任楼煤矿将针对诚信企业建设做进一步有益的探索,不断创新诚信文化建设的形式和载体,持续推陈出新,使诚信文化常抓常新,充满生机和活力,为矿井高质量发展提供坚实的保障。

附表　我国信用体系建设有关政策列表

附表1　中共中央、国务院文件

发布时间	发布单位	文件名称	文号
2013年1月21日	国务院	《征信业管理条例》	国务院令第631号
2014年6月4日	国务院	《国务院关于促进市场公平竞争维护市场正常秩序的若干意见》	国发〔2014〕20号
2014年6月14日	国务院	《社会信用体系建设规划纲要(2014—2020年)》	国发〔2014〕21号
2014年8月7日	国务院	《企业信息公示暂行条例》	国务院令第654号
2015年6月11日	国务院	《法人和其他组织统一社会信用代码制度建设总体方案》	国发〔2015〕33号
2015年7月1日	国务院办公厅	《国务院办公厅关于运用大数据加强对市场主体服务和监管的若干意见》	国办发〔2015〕51号
2015年10月13日	国务院	《国务院关于"先照后证"改革后加强事中事后监管的意见》	国发〔2015〕62号

附表 1(续)

发布时间	发布单位	文件名称	文号
2016 年 5 月 30 日	国务院	《国务院关于建立完善守信联合激励和失信联合惩戒制度加快推进社会诚信建设的指导意见》	国发〔2016〕33 号
2016 年 6 月 30 日	国务院办公厅	《国务院办公厅关于加快推进"五证合一、一照一码"登记制度改革的通知》	国办发〔2016〕53 号
2016 年 9 月 25 日	中共中央办公厅、国务院办公厅	《关于加快推进失信被执行人信用监督、警示和惩戒机制建设的意见》	中办发〔2016〕64 号
2016 年 12 月 30 日	国务院	《国务院关于加强政务诚信建设的指导意见》	国发〔2016〕76 号
2016 年 12 月 23 日	国务院办公厅	《国务院办公厅关于加强个人诚信体系建设的指导意见》	国办发〔2016〕98 号
2019 年 7 月 9 日	国务院办公厅	《国务院办公厅关于加快推进社会信用体系建设 构建以信用为基础的新型监管机制的指导意见》	国办发〔2019〕35 号
2019 年 9 月 12 日	国务院	《国务院关于加强和规范事中事后监管的指导意见》	国发〔2019〕18 号
2019 年 10 月 22 日	国务院	《优化营商环境条例》	国务院令第 722 号

附表1(续)

发布时间	发布单位	文件名称	文号
2020年11月10日	国务院办公厅	《国务院办公厅关于印发全国深化"放管服"改革优化营商环境电视电话会议重点任务分工方案的通知》	国办发〔2020〕43号
2020年10月27日	国务院办公厅	《国务院办公厅关于全面推行证明事项和涉企经营许可事项告知承诺制的指导意见》	国办发〔2020〕42号
2020年12月7日	国务院办公厅	《国务院办公厅关于进一步完善失信约束制度 构建诚信建设长效机制的指导意见》	国办发〔2020〕49号
2021年12月29日	国务院办公厅	《国务院办公厅关于印发加强信用信息共享应用 促进中小微企业融资实施方案的通知》	国办发〔2021〕52号
2022年3月19日	中共中央办公厅、国务院办公厅	《关于推进社会信用体系建设高质量发展促进形成新发展格局的意见》	中办发〔2022〕25号
2022年4月10日	中共中央国务院	《中共中央 国务院关于加快建设全国统一大市场的意见》	

附表 2　发展和改革委员会文件

发布时间	发布单位	文件名称	文号
2013年5月17日	国家发展和改革委员会、中国人民银行、中央编办	《关于印发国家发展改革委 人民银行 中央编办关于在行政管理事项中使用信用记录和信用报告的若干意见的通知》	发改财金〔2013〕920号
2015年9月15日	国家发展和改革委员会	《关于认真做好行政许可和行政处罚等信用信息公示工作的通知》	发改电〔2015〕557号
2016年6月7日	国家发展和改革委员会办公厅	《关于进一步规范行政许可和行政处罚等信用信息公示工作的通知》	发改办财金〔2016〕1443号
2016年11月10日	国家发展和改革委员会、中国人民银行、中央网信办、公安部、商务部、国家工商管理总局、国家质量监督检疫总局、中国消费者协会	《关于对电子商务及分享经济领域炒信行为相关失信主体实施联合惩戒的行动计划》	发改财金〔2016〕2370号

附表 2(续)

发布时间	发布单位	文件名称	文号
2016年12月30日	国家发展和改革委员会、中国人民银行、中央网信办、公安部、交通运输部、商务部、国家工商行政管理总局、国家质量监督检验检疫总局、国家食品药品监督管理总局	《关于全面加强电子商务领域诚信建设的指导意见》	发改财金〔2016〕2794号
2017年3月17日	国家发展和改革委员会、中国人民银行、中国银行业监督管理委员会、中国证券监督管理委员会、中国保险监督管理委员会、商务部、中国最高人民法院	《关于加强涉金融严重失信人名单监督管理工作的通知》	发改财金规〔2017〕460号
2017年7月6日	国家发展和改革委员会办公厅	《国家发展改革委办公厅关于进一步规范"信用中国"网站和地方信用门户网站行政处罚信息公示工作的通知》	发改办财金〔2017〕1171号
2017年10月30日	国家发展和改革委员会、中国人民银行	《国家发展改革委 人民银行关于加强和规范守信联合激励和失信联合惩戒对象名单管理工作的指导意见》	发改财金规〔2017〕1798号

附表 2(续)

发布时间	发布单位	文件名称	文号
2018年1月19日	国家发展和改革委员会办公厅	《国家发展改革委办公厅关于做好〈关于加强和规范守信联合激励和失信联合惩戒对象名单管理工作的指导意见〉贯彻落实工作的通知》	发改办财金〔2018〕87号
2018年3月1日	国家发展和改革委员会办公厅	《国家发展改革委办公厅关于在办理相关业务中使用统一社会信用代码的通知》	发改办财金〔2018〕277号
2018年7月4日	国家发展和改革委员会办公厅、国家市场监督管理总局办公厅	《国家发展改革委办公厅国家市场监管总局办公厅关于更新调整行政许可和行政处罚等信用信息数据归集公示标准的通知》	发改办财金〔2018〕790号
2018年7月24日	国家发展和改革委员会办公厅、中国人民银行办公厅	《国家发展改革委办公厅人民银行办公厅关于对失信主体加强信用监管的通知》	发改办财金〔2018〕893号
2018年7月25日	国家发展和改革委员会办公厅	《国家发展改革委办公厅关于进一步完善行政许可和行政处罚等信用信息公示工作的指导意见》	发改办财金〔2018〕424号

附表 2(续)

发布时间	发布单位	文件名称	文号
2019年4月30日	国家发展和改革委员会办公厅	《国家发展改革委办公厅关于进一步完善"信用中国"网站及地方信用门户网站行政处罚信息信用修复机制的通知》	发改办财金〔2019〕527号
2019年8月20日	国家发展和改革委员会办公厅、国家税务总局办公厅	《国家发展改革委办公厅 国家税务总局办公厅关于加强个人所得税纳税信用建设的通知》	发改办财金规〔2019〕860号
2019年9月1日	国家发展和改革委员会办公厅	《国家发展改革委办公厅关于推送并应用市场主体公共信用综合评价结果的通知》	发改办财金〔2019〕885号
2019年9月12日	国家发展和改革委员会、中国银行保险监督管理委员会	《国家发展改革委 银保监会关于深入开展"信易贷"支持中小微企业融资的通知》	发改财金〔2019〕1491号
2019年11月26日	国家发展和改革委员会、中国人民银行、财政部、中国证券监督管理委员会	《信用评级业管理暂行办法》	中国人民银行 国家发展和改革委员会 财政部 中国证券监督管理委员会令〔2019〕第5号

附表 2(续)

发布时间	发布单位	文件名称	文号
2020年5月26日	国家发展和改革委员会、工业和信息化部、财政部、中国人民银行、中国银行保险监督管理委员会、国家市场监督管理总局、中国证券监督管理委员会、国家外汇管理局	《人民银行 银保监会 发展改革委 工业和信息化部 财政部 市场监管总局 证监会 外汇局关于进一步强化中小微企业金融服务的指导意见》	银发〔2020〕120号
2020年6月1日	中国人民银行、中国银行保险监督管理委员会、财政部、国家发展和改革委员会、工业和信息化部	《中国人民银行 银保监会 财政部 发展改革委 工业和信息化部关于加大小微企业信用贷款支持力度的通知》	银发〔2020〕123号
2020年7月17日	国家发展和改革委员会办公厅	《国家发展改革委办公厅关于扎实做好公务员录用、调任人选社会信用记录查询工作的通知》	发改办财金〔2020〕552号
2020年10月14日	国家发展和改革委员会、科学技术部、工业和信息化部、财政部、人力资源和社会保障部、中国人民银行	《关于支持民营企业加快改革发展与转型升级的实施意见》	发改体改〔2020〕1566号

附表2(续)

发布时间	发布单位	文件名称	文号
2021年1月8日	国家发展和改革委员会办公厅	《国家发展改革委办公厅关于印发〈公共信用信息报告标准(2021年版)〉的通知》	发改办财金〔2021〕28号
2021年5月17日	国家发展和改革委员会办公厅	《国家发展改革委办公厅关于开展2020年度企业债券主承销商和信用评级机构信用评价工作的通知》	发改办财金〔2021〕409号
2021年12月16日	国家发展和改革委员会、中国人民银行	《国家发展改革委 人民银行关于印发〈全国公共信用信息基础目录(2021年版)〉和〈全国失信惩戒措施基础清单(2021年版)〉的通知》	发改财金规〔2021〕1827号
2022年3月16日	国家发展和改革委员会办公厅	《国家发展改革委办公厅关于重点开展"征信修复"问题专项治理的通知》	发改办财金〔2022〕209号
2022年4月7日	国家发展和改革委员会办公厅、中国银行保险监督管理委员会	《国家发展改革委办公厅 银保监会办公厅关于加强信用信息共享应用推进融资信用服务平台网络建设的通知》	发改办财金〔2022〕299号

附表 2(续)

发布时间	发布单位	文件名称	文号
2023年1月13日	国家发展和改革委员会	《失信行为纠正后的信用信息修复管理办法(试行)》	国家发展改革委令第58号
2023年8月5日	国家发展和改革委员会	《国家发展改革委关于完善政府诚信履约机制优化民营经济发展环境的通知》	发改财金〔2023〕1103号

附表3 有关部委、机关文件

发布时间	发布单位	文件名称	文号
2013年7月16日	中国最高人民法院	《最高人民法院关于公布失信被执行人名单信息的若干规定》	法释〔2013〕17号
2013年12月18日	环境保护部、国家发展和改革委员会、中国人民银行、中国银行业监督管理委员会	《环境保护部 发展改革委 人民银行 银监会关于印发〈企业环境信用评价办法(试行)〉的通知》	环发〔2013〕150号
2014年7月4日	国家税务总局	《国家税务总局关于发布〈纳税信用管理办法(试行)〉的公告》	国家税务总局公告2014年第40号

附表 3(续)

发布时间	发布单位	文件名称	文号
2014 年 7 月 23 日	中央精神文明建设指导委员会	《中央文明委关于推进诚信建设制度化的意见》	文明委〔2014〕7 号
2014 年 11 月 26 日	国务院安全生产委员会	《国务院安全生产委员会关于加强企业安全生产诚信体系建设的指导意见》	安委〔2014〕8 号
2015 年 6 月 26 日	国家质量监督检验检疫总局	《质检总局关于加强严重质量失信企业管理的指导意见》	国质检质〔2015〕289 号
2015 年 9 月 25 日	中国人民银行	《中国人民银行关于全面推进中小企业和农村信用体系建设的意见》	银发〔2015〕280 号
2017 年 5 月 9 日	国家安全生产监督管理总局	《国家安全监管总局关于印发〈对安全生产领域失信行为开展联合惩戒的实施办法〉的通知》	安监总办〔2017〕49 号
2017 年 12 月 1 日	国家能源局综合司	《国家能源局综合司关于印发〈能源行业市场主体信用行为清单(2018 版)〉的通知》	国能综发资质〔2017〕4 号
2018 年 7 月 31 日	中央精神文明建设指导委员会	《中央文明委关于印发〈关于集中治理诚信缺失突出问题 提升全社会诚信水平的工作方案〉的通知》	文明委〔2018〕4 号
2018 年 11 月 7 日	国家税务总局	《税务总局关于发布〈重大税收违法失信案件信息公布办法〉的公告》	国家税务总局公告 2018 年第 54 号

附表 3(续)

发布时间	发布单位	文件名称	文号
2019年10月16日	国家知识产权局	《国家知识产权局关于印发〈专利领域严重失信联合惩戒对象名单管理办法(试行)〉的通知》	国知发保字〔2019〕52号
2021年5月19日	国家市场监督管理总局	《市场监管总局关于加强重点领域信用监管的实施意见》	国市监信发〔2021〕28号
2021年7月30日	国家市场监督管理总局	《市场监管总局关于印发〈市场监督管理信用修复管理办法〉的通知》	国市监信规〔2021〕3号
2021年9月27日	中国人民银行	《征信业务管理办法》	中国人民银行令〔2021〕第4号
2021年11月10日	人力资源和社会保障部	《拖欠农民工工资失信联合惩戒对象名单管理暂行办法》	中华人民共和国人力资源和社会保障部令第45号
2021年11月11日	文化和旅游部	《文化和旅游市场信用管理规定》	中华人民共和国文化和旅游部令第7号
2021年11月15日	国家税务总局	《国家税务总局关于纳税信用评价与修复有关事项的公告》	国家税务总局公告2021年第31号
2021年12月31日	国家税务总局	《重大税收违法失信主体信息公布管理办法》	国家税务总局令第54号
2022年1月24日	国家知识产权局	《国家知识产权局关于印发〈国家知识产权局知识产权信用管理规定〉的通知》	国知发保字〔2022〕8号

附表 3(续)

发布时间	发布单位	文件名称	文号
2022年3月1日	国家市场监督管理总局	《中华人民共和国市场主体登记管理条例实施细则》	国家市场监督管理总局令第52号
2023年8月9日	商务部、国家发展和改革委员会、国家金融监督管理总局	《商务部 国家发展改革委 金融监管总局关于推动商务信用体系建设高质量发展的指导意见》	